Friedrich Hirth

Ueber fremde Einflüsse in der chinesischen Kunst

Friedrich Hirth

Ueber fremde Einflüsse in der chinesischen Kunst

ISBN/EAN: 9783743426665

Hergestellt in Europa, USA, Kanada, Australien, Japan

Cover: Foto ©Thomas Meinert / pixelio.de

Manufactured and distributed by brebook publishing software (www.brebook.com)

Friedrich Hirth

Ueber fremde Einflüsse in der chinesischen Kunst

UEBER
FREMDE EINFLÜSSE
IN DER
CHINESISCHEN KUNST
VON
FRIEDRICH HIRTH.

MÜNCHEN UND LEIPZIG
G. HIRTH'S VERLAG
1896.

auf dieses eine Ziel brauchbare Leistungen zu erhoffen seien; aber er ist der Meinung, dass Sanskrit, Tibetanisch, Mongolisch und Mandschurisch mindestens vom Programm des Sinologen nicht auszuschliessen sind. Die Frage nach der Methode, nach der eine sinologische Arbeitskraft herangebildet worden ist, steht im engsten Zusammenhang mit dem Vertrauen, das die dabei interessierte Gelehrtenwelt seinen Forschungen entgegenbringen darf. Der Leser möge deshalb dem Verfasser gestatten, bei dieser Gelegenheit ein Thema zu berühren, dessen Beachtung gerade in den Kreisen wünschenswert ist, denen die nachfolgende Abhandlung gewidmet ist. Der Verfasser muss vorausschicken, dass er die hier ausgesprochenen Ansichten verteidigen zu müssen glaubt, nicht, weil sie ihm jetzt als seinem Studiengang entsprechend bequem erscheinen, sondern umgekehrt, weil er von jeher bemüht gewesen ist, seinen Studiengang der Logik anzubequemen, die ihm von Anfang an als die richtige erschienen ist. Er glaubt hinzufügen zu dürfen, dass seine Ansichten, so wenig Anklang sie auch in gewissen Kreisen finden mögen, sich mit denen der namhaftesten Sinologen des Auslandes in allen wesentlichen Punkten decken, auch mit denen des Herrn Dr. Franke, von der Forderung der genannten Nebenstudien (Sanskrit, Tibetanisch u. s. w.) abgesehen.

Die chinesische Litteratur bildet für uns Europäer eine ganz unvergleichlich härtere Nuss als jede andere. Trotzdem hat man sich in vielen gelehrten und leider hie und da auch in deutschen Universitätskreisen vielfach in den beruhigenden Gedanken eingewiegt, dass eine geringe Kenntnis der Sprache vollständig genüge, um die verschiedenen, in der Litteratur des Mittelreichs wurzelnden Probleme zu lösen, und dass infolgedessen neben dem Chinesischen noch eine ganze Reihe anderer Sprachen von demselben Lehrer gelehrt, von demselben Schüler erlernt werden könne, ohne dadurch den erhofften Erfolg im Chinesischen in Frage zu stellen. Dass diese Ansicht besonders in Deutschland Wurzel gefasst hat, muss der Verfasser trotz des von Herrn Dr. Franke ausgesprochenen Zweifels aufrecht erhalten, wenn auch vielleicht augenblicklich von einer hier herrschenden sprach-philosophischen und grammatischen Richtung nicht mehr die Rede sein kann. Wer daran zweifelt, möge einen vergleichenden Blick auf die Lektions-Kataloge der wenigen Universitäten werfen, an denen das Chinesische in Europa gelehrt wird: in Oxford, London, Leiden und Paris Dozenten, die sich zur Sinologie und nichts Anderem bekennen, dafür aber in ihrem Fache Meister sind; bei uns dagegen, wo man dieser Wissenschaft als selbständige akademische Disziplin die raison d'être abzusprechen geneigt ist, darf sie sich nur in Gesellschaft mehrerer anderer Sprachen zeigen, weshalb es den wenigen Dozenten, die den Mut haben, am schwarzen Brett einer deutschen Universität Vorlesungen über Chinesisch anzukündigen, gar nicht zu verdenken ist, wenn sie eine möglichst reichhaltige Sprachenliste auf ihr Programm setzen, sodass wir von denselben Dozenten gleichzeitig mit Chinesisch bald die eine, bald die andere Sprache einer langen Reihe oft nicht einmal benachbarter Gebiete angekündigt sehen, wie Japanisch, Koreanisch, Mongolisch, Mandschurisch, Tibetanisch, Malaiisch, Suaheli u. a. Man frage Männer wie Legge in Oxford, Schlegel in Leiden oder Chavannes in Paris, ob die grossen Erfolge, mit denen sie in den letzten Jahrzehnten an unserer Wissenschaft geschoben haben, bei einer derartigen Zersplitterung ihrer Kräfte möglich gewesen wären! Die Antwort muss dem Fachmann klar sein.

Der Verfasser gibt mit Herrn Dr. Franke gern zu, dass er in der Form, die er dem hier ausgesprochenen Gedanken in seinen Bemerkungen „über sinologische Studien" [1] gegeben

---

[1] „T'oung Pao", Vol. VI p. 367: „Für den Sinologen, der im Sinne der klassischen Philologie arbeiten will, gibt es nur eine Methode, die zu Erfolgen führt: peinliches Zusammenhalten aller Kräfte; Ergreifung eines jeden Mittels, das zum Zwecke führt, wozu das Leben in China und der jahrelange persönliche Verkehr mit den Gelehrten des Landes gehört; aber auch die Verwerfung aller Mittel,

hat, etwas zu weit gegangen sein mag. Sicherlich ist für Jeden, der aus dem endlosen Arbeitsfeld der chinesischen Litteratur sich gerade das Studium buddhistisch-chinesischer Texte auswählt, eine gewisse Kenntnis des Sanskrit wünschenswert; Tibetanisch kann für die Geschichte des Lamaïsmus, Mongolisch für das Zeitalter des Marco Polo in Betracht kommen; Mandschurisch für die letzten Jahrhunderte, wenn auch nur für die Geschichte des regierenden Kaiserhauses; Türkisch, Uigarisch, Koreanisch u. s. w. wegen der chinesischen Beziehungen im Mittelalter. Alle diese Studien erfüllen quoad artem Sinicam einen gewissermassen collateralen Zweck, der zur Lösung bestimmter, in einen fremden Litteraturkreis überspielender sinologischer Probleme beitragen soll. Will man aber deshalb den Grundsatz aufstellen, dass jeder Sinolog, nur weil seine Bekanntschaft mit der chinesischen Litteratur ihn zu dem einen oder dem anderen dieser Themata qualifiziert, jede der genannten Disziplinen so beherrscht, dass er darüber Vorlesungen an einer deutschen Universität halten kann, was soll dann aus dem Chinesischen werden, einem Studium, von dem die Erfahrung lehrt, dass es die Kraft eines Einzelnen vollkommen absorbiert, wenn er Arbeiten von bleibendem wissenschaftlichem Wert und nicht bloss dilettantische Leistungen im Auge hat? Für die Kenntnis des Chinesischen aber geht jede Stunde verloren, die auf das Studium anderer Sprachen verwendet wird. Es fragt sich nur, ob es sich mit den Anforderungen, die man am Schlusse unseres Jahrhunderts an den Durchschnitts-Sinologen in Europa stellt, verträgt, dass der Repräsentant dieses Faches in Anbetracht seiner Kenntnisse in so vielen anderen Sprachen, die man von ihm erwartet, sich mit einer entsprechend geringeren Kenntnis des Chinesischen begnügen darf.

---

die nicht zum Zwecke führen. Als ein solches ist das Studium anderer orientalischer Sprachen zu betrachten, wodurch das Interesse von der Hauptsache abgelenkt wird und die Kräfte zersplittert werden."

Dies war vor dreissig Jahren noch möglich, aber heutzutage ist die einzig logische Antwort auf diese Frage ein entschiedenes Nein! Deutschland setzt seinen Ruhm darein, in allen wichtigen Wissenszweigen mit der Fackel vorangegangen zu sein. In der Sinologie jedoch hat uns Frankreich wegen der liberalen Unterstützung, die dort seit Anfang des Jahrhunderts den sinologischen Studien zugewendet worden ist, einen grossen Vorsprung abgewonnen, ein Vorteil, durch den die Regierung für die gebrachten Opfer indirekt dadurch entschädigt wird, dass dort ein gebildetes Publikum den chinesischen Kulturfragen tieferes Interesse entgegenbringt, dass die Forderungen der Regierung in ostasiatischen Fragen bei der Volksvertretung nicht entfernt den Schwierigkeiten begegnen, wie dies bei uns der Fall sein würde, mag es sich um Kolonialfragen handeln, wie den Bau einer Eisenbahn an der chinesischen Grenze in Tungking, oder eine Handelsexpedition in das Herz des Mittelreiches nach Ssï-tschuan und Yün-nan. England und Holland, deren politisches Interesse am fernen Osten ein älteres und deshalb durch Erfahrung gereifteres ist, haben sich dem Beispiel Frankreichs angeschlossen; auf ihren ersten Universitäten ist das Chinesische durch Autoritäten vertreten, deren Leistungskraft in keiner Weise durch Nebenstudien geschwächt ist. Der Weg, den bis jetzt die deutschen Hochschulen eingeschlagen haben, der Sinologie Eingang in ihren Pforten zu verschaffen, scheint nicht geeignet zu sein, der wissenschaftlichen Konkurrenz des Auslandes auf diesem Gebiete mit Erfolg zu begegnen.

Die Ansicht, die der Verfasser aus dem Munde eines von deutschen Universitätskreisen in chinesischen Dingen gern zu Rate gezogenen Gelehrten gehört hat, dass man sich auch in Deutschland, d. h. ohne je in China gelebt zu haben, „eine mässige Kenntnis des Chinesischen" aneignen könne, ist zwar an sich nicht falsch; wenn aber daraus gefolgert werden soll, dass eine mässige Kenntnis zur Vertretung des Faches auf einer europäischen Universität genügt, so muss vor allen Dingen erst die Frage aufgeworfen werden, welche

Ziele damit überhaupt angestrebt werden. Für die Zwecke der vergleichenden Sprachforschung, die auf die Kenntnis des Baues und der gegenseitigen Verwandtschaft möglichst vieler Sprachen gerichtet sind, ebenso für das Studium des Japanischen, Koreanischen, Annamitischen, Mongolischen, Mandschurischen u. s. w. ist eine mässige Kenntnis des Chinesischen ebenso wünschenswert wie genügend. Eine ganz verschiedene Aufgabe aber tritt an den heran, der es unternimmt, in dem reichen, bis jetzt immer noch höchst mangelhaft, ja dilettantisch bearbeiteten Bergwerk der chinesischen Litteratur nach ungehobenen Schätzen zu suchen, um unsere Kenntnis der dortigen Kultur durch neue Thatsachen zu bereichern. Dazu genügt eine mässige Kenntnis des Faches keineswegs; im Gegenteil zeigt die Erfahrung, dass, wo auch nur Gelehrte jener Richtung, die das Chinesische nur nebenbei mit einer Reihe anderer Dinge betreibt, sich auf das Glatteis der historisch-philologischen Forschung nach rein chinesischen Quellen begeben haben, der wissenschaftliche Wert solcher auf schwacher Basis aufgebauter Arbeiten früher oder später von der Kritik in Frage gestellt werden muss.

Es gibt für den Fachmann keinen instruktiveren Beleg für diese Ansicht als das in Deutschland viel gelesene Werk des Freiherrn von Richthofen, worin mit grossem Fleiss und dem unverkennbaren Bestreben, der Wissenschaft zu dienen, Uebersetzungen und Forschungsergebnisse der meisten Sinologen herangezogen werden, die vor dem Jahre 1875 auf dem Gebiete der geschichtlichen, geographischen und ethnographischen Erforschung Asiens nach chinesischen Quellen thätig gewesen sind. Wie wenig ein grosser Teil der darin niedergelegten Arbeit den heutigen Anforderungen der Wissenschaft entspricht, muss jede Stichprobe ergeben, die ein gewiegter Spezialist bezüglich des historisch-philologischen Teiles[1]

---

[1] China, Ergebnisse eigener Forschungen und darauf begründeter Studien. Von Ferdinand Freiherrn von Richthofen. Bd. I (Berlin 1877), zweiter Abschnitt: Entwicklung der Kenntnis von China, pp. 273—733.

anstellt, sobald er sich der Mühe unterzieht, die angeführten Quellen mit den chinesischen Urtexten, die allein für die zu Grunde liegenden Thatsachen massgebend sind, zu vergleichen. Uebersetzungsfehler und Missverständnisse, wie sie bei einem klassischen Philologen unserer Tage geradezu undenkbar wären, sind hier so häufig, dass jeder unbefangene Kritiker die im Richthofenschen Werke niedergelegte Sinologie als eitel Dilettantismus bezeichnen muss, sobald ihm die wahren Beziehungen zwischen Forschungsergebnissen und Urquellen enthüllt sind. Herr von Richthofen ist so bedeutend als Geolog und Geograph, dass es seinem Rufe als Gelehrter durchaus keinen Eintrag thun kann, wenn der sinologische Teil seines Werkes vom Standpunkte des Fachmannes eine Beurteilung erfährt, die von derjenigen seiner geographischen Fachgenossen in vielen Punkten erheblich abweicht. Die Hauptschwäche dieser Forschungen darf man in dem bedauerlichen Umstand erblicken, dass ihr Urheber die Schwierigkeiten, die der Erlangung einer gewissen Kompetenz auf dem Gebiete der chinesischen Litteraturkenntnis entgegenstehen, bedeutend unterschätzt hat. Darum werden auch die Uebersetzungen eines Pauthier, De Guignes, Rémusat u. A. ohne jede Nachprüfung als bare Münze hingenommen. Ganze Theorien werden aufgebaut, die in nichts zerfallen, sobald man erfährt, dass der Baustein, auf den das ganze Gebäude sich stützt, wieder entfernt werden muss, weil er irrtümlicherweise eingefügt worden war,[1] — eine Fehlerquelle, die für das so schön und anregend geschriebene Werk geradezu verhängnisvoll wird. Als Entschuldigung darf gelten, dass man vor zwanzig Jahren eine viel höhere Meinung von dem Werte der älteren Uebersetzungs-Litteratur haben durfte als jetzt, nachdem die Sinologie durch Förderung der Virtuosität auf den Universitäten des Auslandes und durch angestrengtes konzentriertes Arbeiten einiger in China ansässiger Europäer

---

[1] Vgl. das typische Beispiel auf pp. 18—21 der vorliegenden Abhandlung, zu dem sich leider recht viele andere gesellen.

zu einem Grade der Exaktheit gelangt ist, den zu erreichen man damals noch nicht hoffen durfte.[1]) Das Richthofensche Werk hat auch in seinem sinologischen Teil, trotz aller Fehler im Einzelnen, seiner Zeit einen guten Zweck erfüllt, indem es in den weitesten Kreisen Interesse für einen früher mehr oder weniger unbeachteten Wissenszweig erweckt hat; es hat aber auch dem Fortschritt der Sinologie in Deutschland sehr geschadet, indem es jeden, der darin mehr als die Arbeit eines gelehrten Dilettanten sah, zu dem Trugschluss einlud, dass in einem Fache, wo nach seiner Ansicht so bedeutende Resultate mit so geringer Kenntnis des Chinesischen, wie sie Herrn von Richthofen zu Gebote stand, erreicht würden, das gründliche, spezialisierende Studium, wie es an den Universitäten des Auslandes angestrebt wird, überhaupt keinen Zweck hat. Da das Verständnis für sinologische Fragen bei Nicht-Fachleuten mit ausserordentlichen Schwierigkeiten verbunden ist, so fällt bei der Beurteilung dieses Werkes, das mit seinem sinologischen Teil einen Scheinerfolg errungen hat wie selten eine wissenschaftliche Arbeit, schwer ins Gewicht die gedankenlose Art, mit der sonst hochgeachtete Kritiker das, worauf es hier allein ankommt, nämlich Kenntnis der chinesischen Sprache, da voraussetzen, wo sie offenkundig fehlt. Denn während von Richthofen (p. 276 Anm.) von sich selbst sagt, dass er „fast Laie in der chinesischen Sprache" sei — was gerade in unserem Fache schlimmer ist als „ganz Laie"[2]) —, äussert sich von Gutschmid in einer unter den Orientalisten deutscher Zunge viel

---

[1]) Als Werke der neueren Schule, denen sich nur wenige Erzeugnisse der älteren Sinologie gegenüber stellen lassen, mögen nur Schlegels Arbeiten über das Gesetz des Parallelismus im Chinesischen, über die Inschriften auf dem uigurischen Denkmal in Kara Balgassun und das Epitaph des Köl Tägin, sowie Chavannes' Arbeit über die Steinskulpturen der Han und die Uebersetzung des Ssï-ma Ts'ién erwähnt sein.

[2]) Denn „little knowledge is a dangerous thing". Vgl. die treffenden Bemerkungen Schlegels bei Gelegenheit der Besprechung einer sinologischen Doktor-Dissertation, T'oung Pao, Bd. VII, p. 177 ff.

beachteten Anzeige[1]) mit den Worten: „Um ein Werk wie
das vorliegende zu schaffen, war eine nicht gewöhnliche
Vereinigung verschiedener Kenntnisse nötig; der Verfasser
ist zugleich Naturforscher, Geograph und Historiker und
verbindet damit, was hier von besonderem Werte ist, die
Kunde der chinesischen Sprache."
Wenn das, was der verdiente Kritiker hiermit andeutet,
richtig wäre, nämlich dass zur Lösung so wichtiger Probleme,
wie sie im Richthofenschen Werke aufgeworfen werden,[2])
diejenige Kunde der chinesischen Sprache genügt, von der
Herr von Richthofen selbst sagt, dass sie fast die eines
Laien ist, so dürfte der Sinolog von Fach, der den besten
Teil seines Lebens auf eine augenscheinlich so gering an-
geschlagene Fertigkeit verwendet hat, freilich ausrufen:
Oleum et operam perdidi!

Der Verfasser hat mit den vorstehenden Bemerkungen
seine Ansicht über diejenige Art der Sinologie ausgesprochen,
von der er glaubt, dass sie einzig und allein den europäischen
Gelehrten befähigt, zuverlässige Kenntnisse der Staaten-,
Kultur- und Kunstgeschichte nicht nur Chinas, sondern eines
grossen Teils des gesamten asiatischen Kontinents, insofern
sie der chinesischen Litteratur zu verdanken sind, in lohnender
Weise zu vermitteln. Es liegt ihm vollkommen fern, damit

---

[1]) „Ueber Richthofens China." Zeitschrift der deutschen
morgenländischen Gesellschaft, Bd. XXXIV (1880), p. 190.
Vgl. Kleine Schriften von Alfred von Gutschmid, Bd. III,
p. 579.

[2]) Die Sinologie ist Herrn von Richthofen zu grösserem Danke
verpflichtet wegen des Aufwerfens zahlreicher interessanter Fragen
als wegen ihrer Lösung; das erstere setzt einen spekulativen Kopf
voraus, der mit der europäischen Litteratur über den Gegenstand
vertraut ist, das zweite einen Historiker und Sprachkenner, der das
Quellenmaterial der chinesischen Litteratur unabhängig von den zu-
fällig vorhandenen europäischen Bearbeitungen selbständig und vollkommen beherrscht.

die Arbeit der Gelehrten zu bemängeln, die das Studium des Chinesischen als Mittel zu einem anderen Zweck ergreifen, denen es bei ihren vielsprachlichen ostasiatischen Studien stets eine unentbehrliche Disziplin sein wird. Ganz mit Unrecht sucht ihn Herr Dr. Franke als einen Gegner der Sprachwissenschaft hinzustellen, deren Bedeutung er vor dreissig Jahren in den Vorlesungen eines Georg Curtius hoch zu schätzen gelernt hat. Mit grosser Spannung sieht jeder Sinolog einer methodischen Arbeit über die sprachgeschichtliche Stellung des Chinesischen entgegen. Das darf uns aber nicht verhindern, allen denen, die der chinesischen Litteratur ähnliche Resultate abzugewinnen wünschen, wie sie ein tüchtiger Philolog aus römischen und griechischen Texten hervorarbeitet, als einziges Geheimnis des Erfolges den Rat zu geben, Jahrzehnte hindurch Alles zu vermeiden, was von der Hauptsache, der Kunst einen chinesischen Text richtig zu verstehen, abzulenken geeignet ist. „Lesen, lesen und immer wieder lesen", und zwar chinesisch, muss die Losung sein; denn weder die Grammatik, noch mithridatisches Sprachtalent ersetzt die Routine, die hier eine viel grössere Rolle spielt als in jeder anderen Litteratur. Vor allen Dingen aber entschlage man sich des Vorurteils, dass es möglich ist, nach dem Muster des Freiherrn von Richthofen ohne die gründlichste Kenntnis der chinesischen Sprache und Litteratur mit bleibendem Erfolg Forschungen zu betreiben, die so tief in den chinesischen Quellen wurzeln wie die Geschichte der Völker Zentralasiens. Wenn solche Forschungen von einem dankbaren Publikum zwanzig Jahre lang unbeanstandet gelesen, bewundert und für gediegenes Erz der Wissenschaft gehalten werden konnten, so darf sich ihr Verfasser dazu Glück wünschen, dass unter seinen Kritikern keiner in der Lage war, die chinesischen Urquellen heranzuziehen.

Mit der vorliegenden Abhandlung ist der Verfasser einer Frage näher getreten, die sich um so umfangreicher zu gestalten scheint, je mehr er sich damit beschäftigt. Das interessante Thema der fremden Einflüsse in der chinesischen Kunst ist mit diesen mehr zufälligen Notizen — die auf Wunsch für den diesjährigen Jahresbericht der geographischen Gesellschaft zu München niedergeschrieben wurden und nun als Separatabzug den Freunden sinologischer Forschung zugänglich gemacht werden sollen — keineswegs erschöpft. Dem Leser der oben ausgesprochenen Grundsätze über das sinologische Studium wird es einleuchten, dass der Verfasser, um Sinolog zu bleiben, nicht nebenbei Kunsthistoriker geworden ist. Es wird daher für den Fachmann auf diesem Gebiete mancherlei zu berichtigen und zu ergänzen geben. Kenner der westasiatischen Ornamentik werden vielleicht neues Licht über die in den Traubenspiegeln [1]) niedergelegten Kunstdenkmäler verbreiten können. Um ihrem Urteil nicht vorzugreifen, ist der Verfasser nicht allzutief in die Analyse dieser Ornamentik eingedrungen. Den Kunstgelehrten, der nach ihrer letzten Heimat sucht, möchte er darauf aufmerksam machen, dass zwar als derjenige Staat, der seiner Zeit mit China im engsten Tributverhältnis stand, zunächst das Land Ta-yüan (Ferghana) in Betracht kommt, dass wir aber keineswegs an diese Gegend gebunden sind. Der Historiker Ssï-ma Ts'ién, dem wir den durch seine Gleichzeitigkeit wichtigen Hauptbericht über die Beziehungen des Kaisers Wu-ti zu diesem Lande verdanken und der vermutlich bald nach dem Jahre 86 v.Chr. starb,[2]) erwähnt chinesische Gesandtschaften, die nach der Besiegung von Ta-yüan die im Westen dieses Gebietes gelegenen Länder bereisten, um nach Kuriositäten zu suchen (Schï-ki, Kap. 123, p. 19). Die

---

[1]) Vgl. Abbildungen Figg. 2—16. Wer die einschlägigen Abschnitte im Po-ku-t'u-lu auf der Kgl. Bibliothek und im Si-ts'ing-ku-kién auf der Bibliothek des Kunstgewerbe-Museums in Berlin zu Rate zieht, ist im Besitze des bei Weitem grössten Teils des zum Studium dieser Ornamentik nötigen Materials.

[2]) Wegen der Schwierigkeiten, die der genauen Feststellung des Todesjahres entgegenstehen, s. Éd. Chavannes, Les Mémoires historiques de Se-ma Ts'ién, I, Introduction, p. XLV.

Traubenornamentik könnte auf diese Weise aus weiter westlich gelegenen Gebieten nach China gekommen sein. Wenn ferner die auf S. 14 dieses Berichtes in die Palastausgabe von 1739 aufgenommene Lesart richtig ist, kannten die Bewohner von Ta-yüan weder die Seiden- und Lackindustrie, noch die Kunst Münzen und Metallgeräte zu giessen (tschu ts'ién-k'i). Nach einer sehr plausiblen Konjektur chinesischer Textkritiker wäre jedoch für ts'ién, „Sapeke", „Münze", an dieser Stelle t'ié, „Eisen" zu lesen, wonach die Stelle lauten würde: „sie verstanden sich nicht auf die Kunst des Eisengusses". Dieselbe Lesart findet sich an der entsprechenden Stelle im Ts'ién-han-schu. Erst durch chinesische Techniker, die von einer Gesandtschaft nach Ta-yüan desertiert waren, wurde der für Ferghana später charakteristische Eisenguss dort gelehrt. Dies könnte nicht vor der ersten Gesandtschaft des Tschang K'ién, etwa 128 v. Chr., der Fall gewesen sein. Ferner wird gesagt, dass die Bewohner chinesisches Gold und Silber in Geräte verarbeiten, dass sie es jedoch nicht in Münzen umprägen.[1]) Wir dürfen daher unter den baktrischen Münzfunden, von denen einige als den Prägungen von Nebenkönigen oder Satrapen entstammend für die Grenzgebiete in Anspruch genommen werden könnten, sicherlich keinen auf die Gegend von Ta-yüan beziehen. Es ist daher auch nicht wahrscheinlich, dass die der chinesischen Trauben-Ornamentik etwa vorschwebenden Muster direkt aus Ta-yüan stammen. Dass aber Münzen von so grosser Kunstvollendung, wie wir sie in den älteren baktrischen mit Recht bewundern,[2])

---

[1]) Nur so kann ich die Worte pu-yung we'i pi verstehen, die Brosset (Nouv. Journ. Asiat. II, 1828, p. 439) durch „on ne s'en servit pas pour les étoffes", Wylie (Journ. of the Anthrop. Institute, Vol. X, p. 46) durch „instead of using them as state presents" übersetzt. Der Ausdruck pi lässt sich gerade für die Zeit des Kaisers Wu-ti im Sinne von ts'ién, „Sapeke", „Münze", nachweisen (siehe K'ang-hi, s. v. pi).

[2]) A. von Sallet, Die Nachfolger Alexanders des Grossen in Baktrien und Indien (Berlin 1879), p. 83.

in den nächsten Nachbargebieten im Westen erzeugt werden konnten, spricht dafür, dass wir der dortigen Metallindustrie recht wohl jene Höhe in der Entwicklung der Ornamentik sowohl wie der Technik zutrauen dürfen, die wir bei der Erzeugung solcher Muster voraussetzen müssen, mögen sie in Gestalt von Schildern, Pateren oder Spiegeln vorhanden gewesen sein. In Baktrien hatten die Gesandten des Wu-ti sicherlich am ersten Gelegenheit, solche Kunstgegenstände für den chinesischen Hof zu erwerben, da das benachbarte Parthien gerade in Bezug auf Kunstleistungen sich mit Baktrien nicht messen konnte, insofern Geschmack und künstlerische Veranlagung in den Münzen der beiden Länder, den einzigen beim Vergleiche heranzuziehenden Denkmälern, zum Ausdruck kommen. Was in den parthischen Münzen der eukratidischen Zeit an griechische Kunst erinnert, ist sicher geborgte Kultur, da viel eher der Barbar den Griechen zum Muster genommen haben kann als umgekehrt (von Sallet, op. cit., p. 10). Dies ist die Voraussetzung, die mir als die nächstliegende bei meiner Ansicht über die chinesischen Traubenspiegel vorschweben musste. Ob und inwiefern weitere westasiatische Einflüsse in dieser Ornamentik nachzuweisen sind, wie etwa assyrisch-babylonische Anklänge im äusseren Rand einer grossen Anzahl der fraglichen Objecte, ist ein Problem, dessen etwaige Lösung ich dem Scharfblick der Kunstkenner überlassen muss.[1]) In der gleichzeitigen und früheren chinesischen Ornamentik scheint sich nichts Aehnliches zu finden.

Seine Studien über fremde Einflüsse in der chinesischen Malerei bittet der Verfasser als Vorläufer zu einer grösseren Arbeit über die Geschichte dieser Kunst in China anzusehen, die er im Laufe des kommenden Winters zu vollenden hofft

---

[1]) Prof. J. Lessing, dem ich die Abbildungen im Po-ku-t'u-lu und Si-ts'ing-ku-kién zeigte, glaubte darin auf den ersten Blick mesopotamische Elemente wiederzuerkennen.

und die dem Leser manchen Aufschluss über kunstgeschichtliche Thatsachen geben wird, deren Kenntniss der Verfasser einstweilen stillschweigend voraussetzt. Wer sich auf ein Gebiet der Wissenschaft begiebt, das in Europa noch so wenig ausgebaut ist wie die chinesische Kunstgeschichte, sieht sich auf Schritt und Tritt in die Lage versetzt, weitschichtige Erklärungen zu geben, wenn ihm daran gelegen ist, dass ihm seine Leser in einer bisweilen etwas verwickelten Kette von Schlüssen ohne Störung folgen. Solche Erklärungen sind hier möglichst vermieden worden in der Hoffnung, dass nach dem grossen Interesse, das man seit einer Reihe von Jahren der japanischen Kunst in Europa widmet, auch die ganz unverdienter Weise vernachlässigte chinesische den Freunden exotischer Kunstbestrebungen genügend nahe gerückt sein wird, um mancherlei erklärende Episoden für die Zukunft als überflüssig erscheinen zu lassen. Die Chinesen besitzen eine ausserordentlich dankbare Literatur über ihre Kunst, besonders über die Malerei, sodass man in Anbetracht des Wenigen, das wir heutzutage von wirklich bemerkenswerthen alten Kunstdenkmälern zu sehen bekommen, recht wohl sagen kann, sie haben es in der Kunstgeschichte weiter gebracht als in der Kunst selbst.

München, August 1896.

Friedrich Hirth.

INHALTS-VERZEICHNISS.

	Seite
Vorwort	I—XVI
Epochen der ältesten Kunst in China	1
Periode der spontanen Entwickelung	2
Aelteste Kunstdenkmäler	3
Alte Bronze-Sammlungen und ihre Beschreibungen	4
Po-ku-t'u-lu und Si-ts'ing-ku-kien	6
Das Inschriftenwerk Kin-schī-so	7
Ornamentik der ältesten Bronzen	8
Plötzlicher Umschwung in der Ornamentik	9
Die Nachbarvölker des alten China waren nicht im Stande zur Kunstentfaltung anzuregen	11
Die Metallspiegel-Industrie	12—30
Das Institut Sebung-fang	12
Spiegel mit Trauben-Ornamentik (Hai-ma-p'u-t'au-kien)	13
Der Ausdruck hai-ma	14
Die Trauben-Ornamentik wird mit dem Weinstock in China eingeführt	16
Das Land Ta-yüan als Herkunftsort des Weinstocks	18
Das Land Hiu-sün lag auf, nicht westlich vom Tsung-ling	18-20
Die Stadt Ir-schï, dem heutigen Uratube entsprechend, bildete die Westgrenze von Ta-yüan	21
Hypothese bezüglich des Ausdrucks Hai-ma-p'u-t'au und der Trauben-Ornamentik	22--30
Ta-yüan als Satrapie oder Grenzland von Baktrien war von baktrischer Kultur durchdrungen	23
Versuche den Namen Ta-yüan lautlich zu erklären	23—25
Hsoma- und Dionysos-Kultus im baktrischen Kulturgebiet	25-30
Attribute des Dionysos unter den Ornamenten altchinesischer Metallspiegel	26—27
Nicht-Dionysische Ornamente: Pferd, Wiesel und Pfau	27—28
Muthmassliche Etymologie der Ausdrücke hai-ma und p'u-t'au	28
Buddhistische Einflüsse	30—50
Ihr erstes Auftreten in China	30—32
Aelteste buddhistische Aeusserungen in Malerei, Bronzeguss und Holzschnitzerei	32

XVIII Inhalts-Verzeichniss.

	Seite
Fremde Maler vor der Zeit der T'ang (618 n. Chr.)	33—34
Die beiden Maler Weï-tschī, Vater und Sohn, kommen aus dem Westen nach China	35
Khoten und Tocharestan werden als Heimath der beiden Weï-tschī genannt	35
Gründe, weshalb Khoten als das Land der Weï-tschī anzusehen ist	36—43
Weï-tschī I-söng als Maler	38—42
Die chinesischen Maler Yen Li-pön und Yen Li-tö	39—42
Darstellungen fremder Völkertypen	40
Weï-tschī, der Name eines Fürsten von Khoten	42
Seine Beziehungen zu Weï-tschī I-söng	43
Weï-tschī I-söng und die Genealogie der Kunst in Ostasien	43—47
Die Malerei in Japan, Turfan, bei den Tanguten und Tibetanern	44—45
Die buddhistische Malerei in Korea ist aus der Schule des Weï-tschī I-söng hervorgegangen	45
Aelteste japanische Malerei, aus Korea stammend, wird von L. Gonse für mehr indisch als chinesisch gehalten	45—46
Lösung dieses Widerspruchs	47
Nicht-buddhistische Kunst: Landschafts- und Blumenmalerei; die Schwarzweiss-Manier von Wang Weï ausgebildet	47
Die fremde Abtheilung in der Galerie des Kaisers Hui-tsung	48
Tartarische Maler im 10. Jahrh.	49
Alte Bilder exotischen Inhalts	50
Späte indische Einflüsse	50—52
Indische Malerei im Kloster Nâlanda	51
Die Malerei unter den Mongolen	52
Fremde Einflüsse in der Kunstindustrie	53
Europäische Einflüsse	54—63
Die ersten jesuitischen Maler unter K'ang-hi	54
Ihre Lehren bleiben nicht ohne Erfolg bezüglich der Perspective	55—60
Der Maler Löng Meï	55—57
Die vier Wang	56
Tsiau Ping-tschön, Astronom, Maler und Holzschneider	57
Europäische Einflüsse unter Kiën-lung	60—63
Schang Kuan-tschóu, Maler und Holzschneider	60—63
Japanische Einflüsse unter den Ming	62—65
Die Lackmalerei	64
Kleine Industrien aus Korea und Japan	65
Persische Kanne und Pilgrim's Bottle	66

In seinem überaus anregenden Werke, dem einzigen, das bis heute der chinesischen Kunst in allen ihren Hauptzweigen gewidmet ist,[1]) teilt M. Paléologue die Geschichte der Malerei in eine Anzahl Epochen ein, deren erste sich von den ältesten Zeiten bis zur Einführung des Buddhismus in China erstreckt. Dies würde uns gegen das Ende des 1. Jahrhundert nach Chr. führen, doch nimmt Paléologue ganz richtig an, dass ein weiteres Jahrhundert für die Entfaltung der neuen Religion nötig war, und schliesst die erste Epoche mit dem Jahre 250 n. Chr. ab. Für die Malerei lässt sich wegen des Mangels an Material in jenen ältesten Zeiten ihrer Entwickelung gegen diese Einteilung nichts einwenden; für die chinesische Kunst im Allgemeinen jedoch muss ich für die Zeit vor der Einführung des Buddhismus noch eine weitere Epochenteilung beanspruchen, nämlich:

1. Von den ältesten Zeiten bis zum Jahre 115 vor Chr.: Periode der spontanen Entwickelung;
2. 115 vor Chr. bis 67 nach Chr.: Periode des griechisch-baktrischen Einflusses, bis
3. 67 nach Chr.: Einführung des Buddhismus in China.

Dass in allen späteren Perioden die früheren Einflüsse nachwirken können, ist ja selbstverständlich; nur wird es wegen der Vervielfältigung der Kunstrichtungen und ihrer

---

[1]) l'Art Chinois. Par M. Paléologue. Bibliothèque de l'enseignement des beaux-arts. Paris, 1887, p. 251.

Assimilierung mit chinesisch-nationalen Elementen von Jahrhundert zu Jahrhundert schwerer, sie in ihrer Ursprünglichkeit wieder zu erkennen. Es ist deshalb um so wichtiger, dass wir den Anfängen nachspüren. Wenn ich die erste Periode als die der spontanen Entwickelung bezeichne, so will ich damit nur sagen, dass es uns bis jetzt noch nicht gelungen ist, für die älteste Kunst ausserhalb der chinesischen Kultursphäre liegende Einflüsse nachzuweisen. Die Versuche des verstorbenen ebenso begabten wie phantastischen Forschers Terrien de Lacouperie, die chinesische Kultur aus der babylonischen abzuleiten,[1]) sind mit seiner ganzen Theorie von dem utopischen Volke der Bak[2]) als gescheitert zu betrachten. Der Urheber dieser geistreichen, aber der exakten Begründung entbehrenden Ideen hatte sich leider mit viel zu vielerlei Dingen beschäftigt, um für die eine Sprache und Literatur, die chinesische, zu deren gründlichem Erfassen ein Europäerleben kaum ausreicht, mehr als dilettantisches Verständnis zu besitzen. Halbheit aber rächt sich nirgends mehr als auf dem Gebiete der Sinologie. Zwar will ich nicht mit absoluter Bestimmtheit behaupten, dass Kultur und Kunst der Chinesen da, wo wir heute ihre ältesten Spuren finden, im Norden und Nordwesten der achtzehn Provinzen, ohne jede Anlehnung an andere, etwa westasiatische Völker gewissermassen aus dem Boden erwachsen seien; nur gestatte man mir, da von einer Periode der spontanen Entwickelung zu reden, wo sich unter den erhaltenen Denkmälern der Kunst so wenige klar bewiesene Berührungspunkte finden, wie

---

[1]) Western Origin of the Early Chinese Civilisation from 2,300 B. C. to 200 A. D., or, Chapters on the Elements derived from the old civilisations of West Asia in the formation of the Ancient Chinese Culture. By Terrien de Lacouperie. London, 1894. Vgl. die Besprechung von C. de Harlez im Journ. Asiat., IX. Sér. IV, sept.-oct. 1894. pp.375/8.

[2]) Vgl. C. de Harlez, „le nom des premiers Chinois et les prétendues tribus Bak", im T'oung-pao, vol. VI, 1895, p. 369 ff.

zwischen den ältesten chinesischen und denen der west- und
südasiatischen Kulturstaaten des frühen Alterthums.
Die ältesten Kunstdenkmäler der Chinesen bestehen
hauptsächlich in Bronzewerken und Nephrit-Skulpturen;
Stein-Denkmäler grösseren Stiles treten zurück; aber Alles,
was uns teils in Originalwerken, teils in zuverlässigen Kopien
und Abbildungen erhalten ist, trägt einen ausgeprägten
Charakter, der während eines Zeitraumes von beinahe andert-
halb Jahrtausenden kaum merkliche Veränderungen erfahren
hat. Die bildlichen Darstellungen, die sich auf jenen ältesten
Bronzegefässen wiederfinden, sind fast ausnahmslos mytho-
logischen und symbolischen Inhalts; Gestalten aus der Thier-
und Pflanzenwelt, aber so stark stilisiert, dass oft nur der
von den späteren Kunstkritikern verwendete Name an einen
in der Natur wirklich vorhandenen Typus erinnert, während
einige der hauptsächlichsten Symbole lediglich der Phantasie
des Künstlers oder der durch ihn schaffenden Volksseele ent-
stammen. Diese ursprünglich dem Opferdienst gewidmeten
und, wie häufig die in alter Hieroglyphenschrift angebrachten
Inschriften besagen, gewissen Familien von ihren Ahn-
herrn zur Vererbung gestifteten Gefässe sind zum Teil als
Originale auf spätere Generationen gelangt, zum Teil schon
frühzeitig kopiert worden, so dass der Kuriositätenmarkt
sowohl in China wie in Japan noch heute zahlreiche, natürlich in weitaus den meisten Fällen erst später, wenn nicht
in der neuesten Zeit kopierte Stücke aufweist. Zur Ehre
der Kopisten muss gesagt werden, dass auch in den späteren
Nachbildungen, mag es sich um Nachgüsse, Nachbildungen
oder Nacherfindungen handeln, der Stil des Altertums,
wie er bis zum 3. Jahrhundert vor Chr. der herrschende
war, treu bewahrt worden ist. Die für echt gehaltenen
Gefässe der Dynastien Schang (1766 bis 1122 vor Chr.) und
Tschóu (1122 bis 256 vor Chr.) sind zu allen Zeiten hoch-
geschätzt und in Staats-Sammlungen vereinigt worden, wo
sie den Archäologen und Kunstkritikern Gelegenheit zum
Studium und zur literarischen wie graphischen Schilderung

gaben. So entstand eine Reihe von Werken, denen wir jetzt, wo der grösste Teil jener ältesten Kunstschätze verloren gegangen ist, die wichtigsten Mitteilungen über das Wesen

Fig. 1.
Opfergefäss (Hu) mit stilisierter Tierfratze (T'au-t'ié) aus der Zeit der Dynastie Tschóu (1122 bis 255 vor Chr.) Nach einer Abbildung im Si-ts'ing-ku-kién. Kap. 19.

dieser Kunst verdanken. Schon im Anfang des 6. Jahrhunderts erschien unter dem Namen Ting-lu eine noch jetzt vorhandene Beschreibung der wichtigsten Kunstdenkmäler in Gestalt von Opfer-Urnen (Ting). Ein Fortschritt gegenüber diesem, der Illustrationen entbehrenden Werke ist in dem aus zehn Büchern bestehenden Sammelwerk aus den Jahren 1086 bis 94, Namens K'au-ku-t'u, zu erkennen, worin die dem Verfasser damals zugänglichen alten Bronze- und Nephrit-Gefässe, Glocken und Geräte nicht nur beschrieben, sondern auch abgebildet sind. Dieselben befanden sich teils in den kaiserlichen Sammlungen, die damals noch nicht zu einem Museum vereinigt waren, teils im Privatbesitz in verschiedenen Städten des Reiches. Als das bedeutendste Werk dieser Art und die Hauptquelle für unsere Kenntnis der ältesten, ihrer Zeit von aussen her noch unbeeinflussten chinesischen Kunst ist das Po-ku-t'u-lu des grossen Kunstarchäologen Wang Fu¹) anzusehen. Wang Fu beschreibt darin in 30 Büchern die Sammlung des Kaisers Hui-tsung, des grössten Beschützers der Künste, der wohl je einen chinesischen Thron inne hatte und unter dessen Regierung (1101 bis 1126) die Museologie in China ihre höchste Blüte erreichte. Die damals noch sehr bedeutende Sammlung von alten Original-Bronzen war, wie auch die Sammlung der Manuskripte und die Gemälde-Galerie, in einem Palast der Hauptstadt K'ai-föng-fu, namens Süan-hotien aufgestellt, weshalb die drei grossen beschreibenden Kataloge, das Süan-ho-schu-p'u als Beschreibung der Handschriften, das Süan-ho-hua-p'u als die der Gemäldegalerie und das Süan-ho-po-ku-t'u-lu als die der

---

¹) Wang Fu, genannt Tsiang-ming, aus der Hauptstadt K'ai-föng-fu gebürtig, wird als ein Mann geschildert, der mit männlicher Schönheit und vornehmem Auftreten bedeutendes Wissen verband. Er promovierte in den Jahren 1102 bis 1107 und stieg darauf in glänzender Laufbahn bis zur Würde eines Ministers zweiter Klasse (schan-tsai). Er gehörte zu der Schaar hervorragender Männer, die der kunstsinnige Kaiser Hui-tsung um sich versammelte. Nach dem Tode des Hui-tsung fiel er 1126 bei dem neuen Kaiser in Ungnade, was seine Amtsentsetzung zur Folge hatte, worauf er auf Anstiften seiner Feinde angeblich von Räubern ermordet wurde. S. Biographie, Sung-sch'i, Kap. 470, p. 4—7.

Bronzen diesen Namen in ihrem vollen Titel führen, der sich nicht, wie vielfach angenommen wird, auf die allerdings auch der Regierungszeit des Hui-tsung angehörige Periode Süan-ho (1119—26) bezieht. Das Po-ku-t'u-lu wurde schon geraume Zeit vor dieser Periode, und zwar in den Jahren 1107 bis 1111 auf Befehl des Kaisers in Angriff genommen und vollendet.[1]) Auf keinen Fall ist dieses Werk unter dem Kaiser Kiéu-lung (1736—1796) entstanden, wie von Richthofen anzunehmen scheint, wenn er[2]) in Bezug auf die ältesten Bronzen sagt: „Eine öffentliche Sammlung derselben wurde unter Kaiser Kién-lung veranstaltet. Derselbe liess ein bändereiches Prachtwerk in Folio (Po-ku-tu) herausgeben, in welchem gegen 900 Gefässe der Dynastien Shang, Chou und Han nebst den daran befindlichen Inschriften abgebildet und beschrieben und die letzteren, so gut man es vermochte, interpretiert wurden. Jetzt existiert das Museum nicht mehr", u. s. w. Das Museum, dem die im Po-ku-t'u abgebildeten Bronzen angehörten, war das des Hui-tsung im 12. Jahrhundert, und wenn auch Kiénlung das alte Werk in neuer Auflage drucken liess, so ist es doch so wenig ein Erzeugnis des 18. Jahrhunderts wie das von Bodmer herausgegebene Nibelungenlied. Von Richthofen verwechselt vermutlich das Po-ku-t'u mit dem Si-ts'ing-ku-kién, das auf Grund Kabinetsbefehls vom Dezember 1749 von den Gelehrten Kién-lung's als reich illustrierter Pracht-Katalog der damaligen Sammlung bearbeitet und herausgegeben wurde, das jedoch dem Po-kut'u als Denkmal früher Kunstkritik an Wichtigkeit bedeutend nachsteht.[3]) / Eine für die Kenntnis alt-chinesischer

---

[1]) Vgl. meine Chines. Studien, Bd. I. p. 273, wo das Jahr der Veröffentlichung auf Grund dieses allgemein verbreiteten, naheliegenden Irrtums in die Periode Süan-ho verlegt ist.
[2]) China, Bd. I, p. 370.
[3]) Ein Exemplar des Si-ts'ing-ku-kién, wenn ich nicht irre, der Sammlung des Freiherrn von Richthofen entstammend, befindet sich in der Bibliothek des Kgl. Kunstgewerbe-Museums zu Berlin.

Bronzen höchst wertvolle Publikation ist das im Jahre 1822 von den Gebrüdern Föng Yün-p'öng und Föng Yün-yüau herausgegebene Corpus Inscriptionum Kin-schï-so in 12 Büchern, von denen je sechs den beiden Hauptabteilungen des Werkes, nämlich Kin (Metallarbeiten, Bronzen) und Schï (Steinarbeiten, Steininschriften) gewidmet sind; die letzteren sind in dem ausgezeichneten Werke Édouard Chavannes', La sculpture sur pierre en Chine au temps des deux dynasties Han (Paris 1893), behandelt worden. Von der Abteilung Kin ist der 85 Folio-Seiten haltende 6. Band ausschliesslich den alten Metallspiegeln gewidmet, während die drei ersten Bände von den bronzenen Opfergefässen, Waffen und sonstigen Geräten, Band 4 von alten Münzen und Band 5 von alten Siegeln und ihren Legenden handeln. Viele der beschriebenen alten Bronzen wurden noch im Anfang dieses Jahrhunderts in den Sammlungen der Familie K'ung, den in China wohlbekannten Nachkommen des Confucius, also wohl des ältesten als solchen staatlich anerkannten Adelsgeschlechtes der Welt, aufbewahrt. Dieses in seiner Art einzige Museum befand sich in K'ü-fóu ganz in der Nähe von Yen-tchóu-fu (Prov. Schantung), wo das Kin-schï-so gedruckt und herausgegeben wurde.

Was wir nun aus allen diesen Werken lernen, ist die Thatsache, dass die bildende Kunst der Chinesen von ihrem ersten nachweisbaren Auftreten bis zum 3. Jahrhundert vor Chr. einen ausgeprägt nationalen Charakter trug. Auf bestimmten, durch die Zwecke des alten Opferdienstes[1]) hervorgerufenen Gefässformen finden sich bestimmte, überall wieder-

---

Vom Po-ku-t'u-lu ist ein leider unvollständiges Exemplar der zweiten, genau nach der Editio princeps gedruckten Ausgabe von 1308 bis 12 aus meinem Besitz in den der Kgl. Bibliothek in Berlin übergegangen, wo man die besten Abbildungen alter chinesischer Metallspiegel finden wird. Spätere Ausgaben nahmen es mit den Ornamenten weniger genau.

[1]) Die Bronzegefässe der Dynastien Schang und Tschóu waren keine Räuchergefässe, sondern dienten zum Speise- und Trankopfer.

kehrende Ornamente, von denen sich in keiner Weise behaupten lässt, dass sie einer früher vorhandenen fremden Kultur entlehnt sind, Ornamente, die eben deshalb als rein chinesische gelten müssen. Dahin gehört das auf der grösseren Hälfte aller jener Gefässe in Gestalt einer stilisierten, katzenartigen Fratze dargestellte Ungeheuer T'au-t'ié, das Symbol

Fig. 2.
Metallspiegel mit Traubenmuster. Nach Si-ts'ing-ku-kién, Kap. 40 p. 1.

der Gefrässigkeit, das den Besitzer des heiligen Gefässes stets zu einem einfachen Leben ermahnen sollte, indem es die Fratze als warnendes Beispiel zeigte. [S. Fig. 1.] Jede Figur dieser so viele Jahrhunderte lang die ganze chinesische

---

Erst nach der Einführung des Buddhismus wurden sie zum Verbrennen von Weihrauch und sonstigem Räucherwerk verwendet. Der englische Ausdruck „censer" (Rauchfass) bezieht sich daher nur auf die spätere Verwendung.

Kunst beherrschenden Ornamentik hat ihren bestimmten Sinn.¹) In dieser ganzen Zeit treten keinerlei bedeutende Veränderungen ein, die Kunst bleibt sich gleich; was am Anfang des 2. Jahrtausends vor Chr. erfunden wurde, wird mit kaum wahrnehmbaren Abweichungen in den letzten Jahrhunderten der vor-christlichen Zeit immer noch nachgeahmt; es ist in dieser langen Zeit von den Elementen der Kunst nichts abhanden, aber auch nichts Wesentliches hinzugekommen.

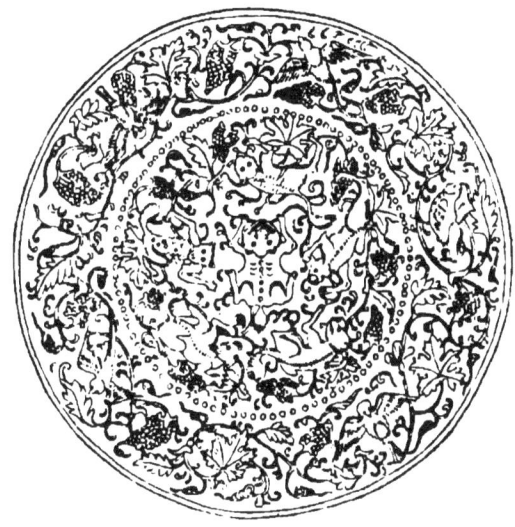

Fig. 3.
Metallspiegel mit Traubenmuster. Nach Si-ts'ing-ku-kién, Kap. 40, p. 5.

Da sehen wir plötzlich im Laufe weniger Jahrhunderte einen Umschwung eintreten. Bei dem konservativen Sinn, der das chinesische Volk zu allen Zeiten charakterisiert hat, der von jeher in der Nachahmung des Alten und Aeltesten volle Befriedigung fand und deshalb nur schwer bedeutende

---

¹) Vgl. u. a. meine Abhandlung „Ueber den Mäander und das Triquetrum in der chines. und japan. Ornamentik" in Chines. Studien, Bd. 1, p. 251 ff.

Aenderungen aus sich selbst heraus zu bilden geneigt war, muss nach so langer Stabilität ein so plötzlicher Wechsel überraschen. In der That aber tritt mit der Machtentfaltung der Dynastie Han neben den alten Kunstformen eine ganze Reihe anderer, in China bisher unbekannter Typen in den Vordergrund. Während für die Opfergefässe der alte Stil beibehalten wird, entsteht für andere, mit dem Opferdienst nicht zusammenhängende Kunstgegenstände in wenigen Jahrhunderten eine ganz verschiedene Ornamentik. Die Gegenstände der Tierwelt, die auf den ältesten Bronzen bis zur Unkenntlichkeit stilisiert waren, namentlich Drache, Tiger und Phönix werden mehr und mehr naturalistisch behandelt. Der Phönix z. B. auf einem Metallspiegel der Han-Dynastie,[1]) sieht mehr dem persischen Simurgh ähnlich als den sonderbaren Gestalten der alten Schule, die von ihren Dolmetschern für Darstellungen des Vogels Huang gehalten werden. Der Drache nähert sich mehr der Eidechsenform, erhält deutliche Schuppen und bildet sich schnell zu dem aus, was er seitdem geblieben ist. Was aber am meisten überraschen muss, ist das Auftreten von Figuren, die früher entweder gar nicht oder nur spärlich verwendet wurden. Dahin gehört vor allen Dingen der Mensch, dessen Darstellung auf den ältesten Kunstdenkmälern ängstlich vermieden wurde; ferner das Pferd, das sich zwar auf einigen Gefässen der Dynastie Tschóu in höchst unvollkommener Weise plastisch wiedergegeben findet, dessen Darstellung als Relief jedoch gerade in den drei Jahrhunderten, etwa 100 vor, bis 200 nach Chr., eine Vollkommenheit erreichte, wie sie sich für die chinesische Kunst vielleicht nur in den Werken der Maler Ts'au Pa und Han Kan (8. Jahrh.) und des am Mongolenhofe in hoher Gunst stehenden Sprösslings des Kaiserhauses der Sung, Tschau Möng-fu, genannt Tzï-ang, wiederfindet. Wer die schneidigen Silhouetten jener rennenden, trabenden, scheuenden, sich bäumenden Pferdegestalten auf einem Ab-

---

[1]) S. Po-ku-t'u-lu, Kap. 19 p. 26 B.

klatsch der Steinskulpturen in den Grabkammern am Wu-tschï-schan, 15 Kilometer südlich von der Stadt Kia-siang in Schantung (35° 32′ n. Br., 116° 30′ ö. Greenw.)[1]) je mit den phantasievollen, aber unnatürlichen Figuren der Bronzegefässe aus der Zeit der Schang und Tschóu verglichen hat, kann sich dem Gedanken nicht verschliessen, dass mit der Periode der Han ein neuer Geist über die chinesische Kunst gekommen ist. Ein solcher Umschwung kann nur von einer mit reicher Triebkraft ausgestatteten fremden Kultur ausgegangen sein. Betrachten wir nun die damaligen Nachbarn China's, so finden wir, dass in der östlichen Hälfte Asiens mit Ausschluss von Indien kein Kulturvolk vorhanden war, dessen Erzeugnisse im Stande gewesen wären, die alte chinesische Kunst in jene neuen Bahnen zu drängen. Die Hsiungnu, die im Norden China's herrschten, waren ein ruheloses Reitervolk von rauhen, einfachen Sitten; die ursprünglich im Nordwesten sitzenden Yüé-tschï, ein Wandervolk von phänomenaler Lebenskraft, das Jahrhunderte lang mächtige Throne Süd- und Zentralasiens mit indoskythischen Herrschern versah, waren zwar politisch stark, aber als Kulturvolk mehr empfangend als gebend. Wie die Macedonier als politische Eroberer Griechenlands von dessen geistiger Kultur beherrscht wurden, so nahmen die Indoskythen gern die Sitten und Gewohnheiten der von ihnen unterjochten Völker an. Auch von dieser Seite ist für die chinesische Kunst keine Beeinflussung vorauszusetzen. Japan lebte noch im Zustande des Barbarismus, Korea fing eben an, sich an der Kultur des Kaiserreichs zu bilden. Indien war zu abgelegen, um bei den damaligen Verkehrsverhältnissen einen Austausch von Kulturelementen als wahrscheinlich erscheinen zu lassen. Kurz, China hatte sich in seiner Abgeschlossenheit bis zu der Thronbesteigung des grossen Kaisers Wu-ti (140 bis 86 vor Chr.) spontan entwickelt. Erst mit Wu-ti begann die

---

[1]) Vgl. die Illustrationen und ausführliche Beschreibung bei Chavannes, La sculpture sur pierre en Chine, etc.

Zeit der fremden Einflüsse. Die Reihenfolge, in der diese sich geltend machten, muss notgedrungen sich an die politischen Ereignisse anschliessen, als deren Folge sich zunächst politischer, gesandtschaftlicher, Tributverkehr mit dem Kaiserhofe ausbildete. Es fragt sich nun, ob die sicher vorhandenen Spuren fremden Einflusses in der chinesischen Kunst, in dieser wichtigen Periode, der Zeit der ersten Ausdehnung der politischen Macht China's nach Westen hin, mit den Kulturgebieten, die dabei in Frage kommen, in einen Zusammenhang gebracht werden können, der ihre Einführung durch westliche Vorbilder wahrscheinlich macht.

Der Schlüssel zur hoffentlich nicht allzufernen Lösung dieser Frage scheint mir in der Ornamentik einer Reihe reich verzierter alter chinesischer Metallspiegel gegeben zu sein. Der aus Bronze gegossene Metallspiegel bildet eine Kunstform, die gerade in jener Zeit, der Regierungsperiode des Kaisers Wu-ti, die schöpferische Phantasie der zunächst für den Hof arbeitenden Bronzekünstler zu beschäftigen anfing. Aus dem Umstande, dass eine ganze Serie von Geräthen der Periode Han mit Inschriften versehen ist, die gewöhnlich mit den Worten schang-fang tso king, d. h. „ein im Schang-fang verfertigter Spiegel",[1]) anfängt, dürfen wir auf Ort und Zeit ihres Ursprungs schliessen. Das Schang-fang war ein Hof-Institut, dem die Anfertigung der für den Kaiserhof bestimmten Waffen und sonstigen Kunstgeräte, also auch der Bronzegüsse, oblag; es bildete eine Abteilung der bereits unter der Dynastie Ts'in vorhandenen Hof-Kammer Schau-fu. Dieselbe wurde unter Wang Mang (9 bis 23

---

[1]) In einzelnen Fällen: schang-fang yü king, „kaiserlicher Spiegel aus dem Schang-fang", oder schang-fang kia king, „ein schöner Spiegel aus dem Schang-fang". Die alten Metallspiegel hiessen im Altertum king, erst unter den T'ang und Sung wird von den Kunsthistorikern der Ausdruck kiën vorgezogen. Letzterer hat sich nun auch bis heute erhalten, während man beim Ausdruck king im modernen Chinesischen mehr an katoptrische und dioptrische Glasfabrikate denkt.

nach Chr.) reorganisiert, bei welcher Gelegenheit der Name Schau-fu, und damit vermutlich auch der der Abteilung Schang-fang aufgegeben wurde, nachdem schon in den Jahren 104, 29, 28 und 7 vor Chr. einzelne Abteilungen anders benannt worden waren.[1]) Wir dürfen daher die als Schang-fang-kién von den Kunsthistorikern unter den Metallspiegeln der Han-Dynastie zu einer Gruppe vereinigten Geräte[2]) als aus den letzten Jahrhunderten vor Chr. stammend betrachten und dem Kritiker des Si-ts'ing-ku-kién beistimmen, der (Kap. 39 p. 4) auf Grund gewisser Ornamente auf die Zeit des Kaisers Wu-ti (140 bis 86 vor Chr.) zurückgeht. Mit diesen Schang-fang-Spiegeln nun vergleichen die späteren Kunstkritiker auf Grund von Analogien, die in der Betrachtung teils des Materials, der Patina, u. s. w., teils der Ornamentik begründet sein mögen, auch andere Gattungen von Metallspiegeln, von denen sie annehmen, dass sie gleichfalls aus dem Schang-fang hervorgegangen seien. Von diesen erregt unser Interesse wegen ihrer eigentümlichen, geradezu nichtchinesischen Ornamentik eine Serie von Spiegeln,[3]) die von Wang Fu im Po-ku-t'u-lu (Kap. 29 pp. 29—31) unter dem Namen Hai-ma-p'u-t'au-kién, lit. See-Pferd-Weintrauben-Spiegel, zusammengestellt werden. Der erste Ausdruck hai-ma heisst wörtlich „See-Pferd". Damit wird im Chinesischen, wie bei uns, einmal die Fischgattung Hippocampus, dann aber auch der Seehund bezeichnet. Keines dieser Tiere wird jedoch auf diesen Spiegeln als Ornament ver-

---

[1]) S. Ts'ién-han-schu, Kap. 19 A p. 9 f., und Kin-schī-so, Abt. Kin, Bd. 6, fol. 2. Das Institut Schang-fang der älteren Han entsprach dem heutigen Ying-tsau-ssī. („Office of Works", — Mayers, The Chinese Government" 2. Aufl. ed. Playfair, p. 7, No. 80. Wegen der Identität s. das von mir im T'oung-pao, Vol. VI, p. 416, besprochene Werk Li-tai-tschī-kuan-piau, Kap. 4 p. 4.)
[2]) Eine grössere Anzahl ist im Kin-schī-so, Abt. Kin, Bd. 6, abgebildet. Vgl. a. Po-ku-t'u-lu, Kap. 28—29 u. Kap. 29 p. 6, u. Si-ts'ing-ku-kién, Kap. 39 pp. 3—6.
[3]) S. Illustrationen einer Auswahl dieser 6½ bis 24 cm im Durchmesser haltenden Geräte, Figg. 2 bis 16.

wendet. Nun könnte hai (Meer, See) hier für „überseeisch", „fremd", stehen und der Ausdruck hai-ma auf „fremde Rosse" deuten. Das Pferd ist jedoch überhaupt nur auf einigen, durchaus nicht auf allen unter diesem Namen erhaltenen Spiegeln als Ornament zu finden. Dagegen erblicken wir verschiedene andere Tiergestalten, katzen-, affen-, ziegen- und hundeartige, sowie Löwen mit unverkennbarer Mähne, und diese wurden, wie ich vermute, von den Kunsthistorikern,

Fig. 4.
Metallspiegel mit Traubenmuster. Nach Si-ts'ing-ku-kién, Kap. 40 p. 7.

die den ihnen unerklärbaren Ausdruck hai-ma nicht verstanden, damit identifiziert, was wiederum auf Grund falscher Analogie zu einer Verballhornung des Ausdrucks in hai-schóu, d. h. „See-Vierfüssler", „See-Tier", geführt haben kann, da wir diesen Ausdruck bei späteren Spiegeln des Po-ku-t'u-lu, sowie bei der entsprechenden Spiegel-Serie im Si-ts'ing-ku-kién als Wechselausdruck für hai-ma gebraucht finden. Auf Grund falscher Analogie mögen dann auch Ausdrücke wie hai-peï („See-Perle", Po-ku-t'u-lu Kap. 29 p. 32) entstanden sein. Von dieser Anschauung ausgehend möchte ich auf die Möglichkeit hinweisen, dass der Ausdruck hai-ma — den die alten Kunsthistoriker, eben weil ma, das Pferd, ein Säugetier ist, auf irgendwelches der anderen, unter den Spiegelornamenten auftretenden Säugetiere zu beziehen versuchten, — ursprünglich überhaupt kein Tier bedeutet, sondern als Transkription eines von den

Fig. 5.
Metallspiegel mit Traubenmuster. Nach Si-ts'ing-ku-kién, Kap. 40 p. 11.

Chinesen missverstandenen fremdsprachlichen Ausdrucks zu betrachten ist. Der zweite Ausdruck p'u-t'au ist als Lehnwort für die Weintraube über jeden Zweifel erhaben. Halten wir zunächst an der Auffassung des Ausdrucks hai-ma als Transkription eines Fremdwortes fest, so möchte ich als Hypothese für seine weitere Erklärung auf die Umstände verweisen, unter denen die Modelle zu den auf den in Frage stehenden Metallspiegeln dargestellten Ornamenten nach China gelangt sind.

Als Hauptornament ist auf allen diesen Spiegeln die Weintraube zu betrachten, die in üppiger Fülle und geschmackvoll verteilt den eleganten Windungen eines Kranzes von Reben und Blättern folgt. Von den eigentümlichen Tierornamenten und dem Fehlen menschlicher Figuren abgesehen erinnert die ganze Art, wie hier der Weinstock zu seiner denkbar vollendetsten ornamentalen Verwendung kommt, an die uns wohlbekannten griechischen Darstellungen der Dionysosfeier, noch mehr aber an das reiche, mit Tierfiguren durchsetzte Traubenmuster am Sassaniden-Palast in Maschita, das freilich einer viel späteren Periode angehört, aber, wie die Kunst der Baktrier, wahrscheinlich einer Vermischung griechischer und asiatischer Einflüsse zu verdanken ist.[1]) Von der Weintraube wissen wir nun auf Grund der zuverlässigsten Zeugnisse, dass sie in China in genau zu definierender historischer Zeit aus Westasien eingeführt wurde, dass sie dort früher gänzlich unbekannt war und erst, nachdem der berühmte Entdecker General Tschang K'ién die Pflanze aus dem von ihm besuchten Lande Ta-yüan mitgebracht, auf Befehl des Kaisers Wu-ti in den Hofgärten bei Tsch'ang-an-fu, der alten Hauptstadt, angepflanzt wurde.[2]) Das blosse Ansehen dieser allerdings die ornamentale Phantasie in hohem Masse herausfordernden Pflanze war sicher nicht im Stande, die bildenden Künstler, die eben noch sich

---

[1]) S. die Illustration gegenüber p. 597 in Rawlinson's Seventh Great Oriental Monarchy.

[2]) Auf Grund einer Stelle im Schī-king (Legge, p. 231), wo das Essen einer Frucht namens yü erwähnt wird, und zwar mit einem Zeichen, das auch den zweiten Teil des späteren Ausdruckes ying-yü, wilder Wein, bildet, ist von den Scholiasten die Identität der beiden Pflanzen angenommen worden, woraus auf das Bekanntsein des wilden Weins bei den Chinesen der Dynastie Tschóu zu schliessen wäre. (S. Bretschneider, „Botanicon Sinicum" in J. of the China Branch, R. Asiat. Soc., Vol. XXV (1890—91), No. 182, 452, 453 u. 492. Vgl. a. den Artikel „Grapes in China" von Th. Sampson in Notes and Queries on China and Japan, Vol. III p. 50 ff., wo sich eine hübsche Zusammenstellung interessanter Text-Auszüge über die Weintraube während des Mittelalters findet. Dagegen spricht jedoch der

mit den stilisierten Tierfratzen der alten Opfergefässe beschäftigt hatten, zum Beschreiten so gänzlich verschiedener Bahnen zu veranlassen. Solche Veränderungen hätten sich, wären sie die Frucht spontaner Entwicklung gewesen, allmählich vollziehen müssen, und sicher würden sich unter den Kunstdenkmälern jener Zeit unvollkommenere Bilder der Traube, ihrer Reben und ihrer Blätter vorfinden, wenn die Chinesen nur die Natur und nichts Anderes als Vorbild benützt hätten. Was wir aber auf diesen, auch von der chinesischen Kunstkritik[1]) in die Zeit des Wu-ti verlegten Metallspiegeln finden, sind nicht Versuche zu einer Darstellung des soeben erst angepflanzten, früher nie gesehenen Weinstockes, sondern es ist die fertige Ornamentik der Traube, wie sie griechischer Kunstsinn erst nach Jahrhunderte langer Uebung geschaffen und über die vom Geist der griechischen Kunst durchtränkten Kulturgebiete Kleinasiens bis zu den Abhängen des Tsung-ling verbreitet hat, wo sich ein Herd westlicher Kulturentfaltung unter den Fürsten des griechisch-baktrischen Reiches gebildet hatte.

Umstand, dass ying-yü wahrscheinlich als persisches (baktrisches?) Fremdwort mit der Bedeutung „Traube" nach China gekommen und dort auf den wilden Wein (yé-p'u-t'au) angewendet worden zu sein scheint. Im Dialekt von Canton, der unter den jetzt gesprochenen Idiomen die alten Laute am reinsten bewahrt hat, wird dieses ying-yü: ang-ük ausgesprochen. Nachdem Terrien de Lacouperie meinem Transkriptionsgesetz, wonach finales r durch chinesisches finales t oder n wiedergegeben wird, noch finales k an zweifellosen Fällen nachgewiesen hat (s. „The Djurtshen of Mandshuria" im Journal of the R. Asiat. Soc., Vol. XXI, p. 442 f.), dürfen wir für angük ohne Zwang angur lesen, was dem persischen Namen für „die Traube" entspricht. Das Vorkommen eines Bestandteils desselben Wortes in derselben Bedeutung lange vor der Zeit, in der dieses Fremdwort nach China gelangt sein kann, könnte wohl nur ein Zufall sein, dem wir vielleicht das merkwürdige Beispiel si-kua (lit. „die Melone des Westens") = griech. σικυα, „die Wassermelone", mit dem chinesischen Urwort für Cucurbitaceen, kua, gebildet, an die Seite stellen können.

[1]) Si-ts'ing-ku-kién, Kap. 40 p. 1 u. Kin-schï-so, Abt. Kin, Bd. 6, fol. 37.

Die Ereignisse, die sich an die erwähnte Mission des Generals Tschang K'ién knüpfen, dürfen als bekannt vorausgesetzt werden, wenn auch an der Brosset'schen Uebersetzung, auf die u. a. von Richthofen's Darstellung begründet ist,[1]) mancherlei auszusetzen ist, weshalb ich auf die im Erscheinen begriffene grosse Arbeit Édouard Chavannes', Les mémoires historiques de Se-ma Ts'ien[2]) verweise. Das Land Ta-yüan, das seit der Rückkehr des Tschang K'ién von seiner letzten Gesandtschaftsreise nach China, etwa seit dem Jahre 115 vor Chr., lebhaften Verkehr mit dem Kaiserhofe unterhielt, fällt mit dem jetzigen Ferghana zusammen. Da es sich für uns darum handelt, eine möglichst genaue Vorstellung von der mutmasslichen Herkunft einer Reihe fremder Kultur-Einflüsse zu erwecken, die sich in Folge dieses sich bis in das Mittelalter erstreckenden Verkehrs in China geltend machten, so ist die Identifikation des Landes von besonderer Wichtigkeit. Von Richthofen sucht (p. 450 Anm. 2) zu beweisen, dass das Ta-yüan der Chinesen des Altertums nicht mit Ferghana identisch, sondern viel weiter westlich gelegen war, indem er schreibt: „Tawan[3]) war nämlich nicht das erste Reich, welches von Kaschgar aus nach Uebersteigung des Tsung-ling erreicht wurde; sondern man kam, nach den Angaben der Han-Annalen (s. De Guignes, Histoire des Huns, Vol. I, Teil II, p. LXXXI ff.), erst nach dem Reich Hiu-siun. Dasselbe lag für die Chinesen jenseits der Gebirgspässe, gegen den Yaxartes hin. Sein König wohnte in Usi, 500 li westlich vom Tsung-ling. Dies kann nicht das von den Arabern des

---

[1]) China, Bd. I p. 449 ff., nach Brosset, „Relation du pays de Taouan, traduit du Chinois", im Nouv. Journ. Asiat. II, 1828 p. 418 ff.
[2]) Vgl. über die Expedition des Tschang K'ién p. LXXI ff. der Einleitung in dem 1895 erschienenen I. Bande; die Uebersetzung des Originaltextes wird erst im II. Bande erscheinen.
[3]) Die orthodoxe Aussprache des Namens ist laut Scholie: Ta-yüan, nicht Ta-wan.

10. Jahrhunderts erwähnte Akhsi sein, da dieses am rechten Ufer des Yaxartes, unfern der Stelle des jetzigen Namangan, mithin viel weiter vom Gebirgspass lag; sondern man kann darin nur das heutige Osch erkennen, welches nach Name und Lage dem alten Usi entspricht." Ich muss an dieser Stelle, was ich schon öfter gethan habe, vor den Uebersetzungen eines De Guignes warnen. Wer in der Lage ist, sich mit Forschungen zu befassen, deren Grundlage in der chinesischen Literatur so tief wurzeln wie die Geschichte und Ethnographie der zentralasiatischen Völker, sollte entweder das Studium des Chinesischen als Hauptfach ohne jede heterogene Beimischung betreiben oder wenigstens sich in allen wichtigen Textfragen bei einem gewiegten Spezialisten Rats erholen. Ich habe mit der redlichen Absicht, von Richthofen's Osch in diesem vorgeblichen Usi wieder zu finden, an der betreffenden Stelle des Ts'ién-han-schu (Kap. 96 A p. 19) nachgelesen und finde — keineswegs zu meinem Erstaunen, denn ich habe mich an solche Funde gewöhnen müssen, — Folgendes:

Der Hauptort des Landes Hiu-sün hiess nicht Usi, war überhaupt nicht einmal eine Stadt; denn „der König residierte im Thale Niau-feï [wang tschï niau-feï-ku, lit. „im Thale des Vogel-Fluges"].[1]) Nun hat ungenügende Kenntnis des Chinesischen in Verbindung mit der überall bei De Guignes hervortretenden Flüchtigkeit diesen das nur durch einen kleinen Strich unterschiedene Zeichen 鳥 niau, „Vogel", mit 烏 wu, „schwarz", verwechseln lassen. Nach französischer Orthographie nannte er daher den Ort Oufi, (also Wu-feï, „Schwarzflug", für Niau-feï, „Vogelflug"), wobei er das Thal (ku) unübersetzt liess. Der Druckfehlerteufel aber machte, weil in den Drucken des vorigen Jahr-

---

[1]) Es wird in den gleichzeitigen Texten von vielen Bergfürsten Zentralasiens gesagt, dass sie in dem und dem „Thal" residieren (wang tschï .... ku). Eine Zusammenstellung solcher Residenz-Thälernamen findet sich im Peï-wön-yün-fu, Kap. 90 p. 145.

hunderts das „f" sich vom „s", dem sogenannten „langen s", ebenfalls nur durch einen kleinen Strich unterschied, aus Oufi vollends Ousi. Daher die Identifikation des Thales der fliegenden Vögel mit der Stadt Osch. Eine weitere Prüfung des Original-Textes ergiebt, dass das Land Hiu-sün als ein ganz kleines Gebiet im westlichen Teile des Tsung-ling, aber noch auf dem Gebirge (ts'ai ts'ung-ling schang),

Fig. 6.
Metallspiegel mit Traubenmuster. Nach Si-ts'ing-ku-kién, Kap. 40 p. 12.

mit nur 358 Familien, 1030 Einwohnern und 480 Soldaten beschrieben wird. In der Schilderung eines östlich gelegenen Nachbarlandes namens Küan-tu (Kunduk?) heisst es: „Westlich kommt man auf den Tsung-ling hinauf, dort ist Hiu-sün" (si schang ts'ung-ling tsö Hiu-sün yé). Hiu-sün lag also auf, nicht vor dem Tsung-ling.[1]) Diese Be-

---

[1]) Niau-feī-ku, „das Thal, wo die Vögel fliegen", könnte daher seiner Lage nach recht gut dem Thal des Murghab (von Murgh, „Vogel") entsprechen, wenn dieser Name sich in jener frühen Periode nachweisen lässt.

trachtungen und der Umstand, dass als östlicher Grenznachbar von Ta-yüan das Reich Wu-sun genannt wird, sowie noch mancherlei Gründe, die ich bei anderer Gelegenheit zu erörtern gedenke, berechtigen uns, an der alten Identifikation von Ta-yüan mit Ferghana trotz von Richthofen's Einwand festzuhalten. Ich gebe jedoch gern zu, dass das Gebiet von

Fig. 7.
Metallspiegel mit Traubenmuster. Nach Si-ts'ing-ku-kién, Kap. 40 p. 13.

Ta-yüan nach Westen hin über die Grenzen des heutigen Khanats von Khokand hinausreichte, da die Stadt Ir-schï, wo die den Zankapfel zwischen China und Ta-yüan bildenden Turkomanen-Rosse zu Hause waren, von den Chinesen noch im 7. Jahrhundert mit der Gegend von Usruschna, dem heutigen Uratübe, identifiziert wurde. Die Frage, ob Ir-schï[1])

---

[1]) Vielleicht dialektisch āsch, dem afghanischen ūs, baktrischen ιιςπι entsprechend; Tomaschek, „Centralasiat. Studien", Sitzungs-

Hauptstadt oder nur eine westliche Grenzstadt war,[1]) darf an der Identifikation mit Ferghana in der Hauptsache nichts ändern. Denn gehen wir über die Gegend von Uratube hinaus, so stossen wir auf Gebiete, die von den Ta-yüé-tschï und den Klein-Fürstentümern des Reiches K'ang-kü in Anspruch genommen werden. Aus diesem Lande Ta-yüan nun hatte China durch die von Tschang K'ién eröffneten Beziehungen mancherlei neue Kulturelemente bezogen, so vor allem den Weinstock, den Klee und die edlen turkomanischen Pferderassen, die noch im 7. Jahrhundert den Sport des Kaisers Hüan-tsung bildeten. Leider ist unsere Kenntnis des osteränischen Gebietes in dieser Zeit und der vorausgehenden Periode griechisch-baktrischen Kulturlebens fast nur auf Münzfunde begründet. Was ich daher in Bezug auf die Abstammung jener Hai-ma-p'u-t'au genannten Spiegel-Ornamentik sage, lässt sich nicht direkt aus historischen Aufzeichnungen nachweisen, ist vielmehr als eine Hypothese anzusehen, die sich vielleicht zwischen dem wenigen uns bekannt gewordenen Thatsächlichen so lange halten darf, als neuere Entdeckungen nicht zu anderen Vermutungen drängen. Meine Hypothese besteht in folgendem Versuche, das Erscheinen dieser formvollendeten, bis dahin unbekannten Trauben-Ornamentik zu erklären.

Das Land Ta-yüan, obwohl mit dem heutigen Ferghana identisch, war ein Gebiet, dessen Bewohner von der griechisch-

berichte der Wiener K. K. Akad., phil.-hist. Kl. 96, 1880, p. 763, — womach Ïr-schï-tsch'öng „die Stadt der Pferde" bedeuten könnte.

[1]) Im Schï-ki wie im Ts'ién-han-schu wird die belagerte Hauptstadt stets Yüan-tsch'öng, wenn nicht Kui-schan, genannt; der General Li Kuang-li aber erhielt den Titel, Ïr-schï-tsiang-kün (General von Ïr-schï), weil er „die Absicht hatte, nach der Stadt Ïr-schï zu gehen und die schönen Rosse zu holen". Aus dem Texte scheint mir die Identität der beiden Namen Yüan-tsch'öng und Ïr-schï nicht hervorzugehen, obgleich ich mit Chavannes zugeben muss, dass die Möglichkeit, Ïr-schï sei die Hauptstadt des Landes gewesen, nicht ausgeschlossen ist. Auch Chavannes jedoch spricht von „le Ferganah" als „siège du royaume de Ta-yuan".

baktrischen Kultur des benachbarten Bactriana beherrscht wurden, mögen sie politisch zum baktrischen Reiche gehört haben oder nicht. Etwaige Versuche, den Namen Ta-yüan zu erklären, können natürlich, so lange die westlichen Quellen nicht reichlicher fliessen, ebenfalls nur zu Vermutungen führen. Der erste Teil dieses Namens, ta, könnte ein nach chinesischem Brauche hinzugefügtes Epitheton im Sinne von „gross" sein, wie von Richthofen [1]) in Bezug auf den Namen Ta-ts'in und ähnliche Bildungen annimmt. Doch trifft diese Erklärung keineswegs überall zu.

So waren die Ta-schï (Araber und Perser) ein Volk, vor dessen Macht und Kultur die Chinesen zweifellos die grösste Achtung hatten,[2]) und dennoch haben wir allen Grund, die erste Silbe ta hier nicht durch „gross" zu übersetzen, da der Ausdruck ta-schï (cantonesisch tai-schik) thatsächlich der mongolischen und türkischen Bezeichnung für die westasiatischen Muhammedaner, nämlich „Tadjik" entspricht. Ta-hia, lit. Gross-Hia, ist von einigen als das Land der Dahae, von anderen als das der Tocharen erklärt worden. Beide Erklärungen setzen eine Wurzel daha oder taha voraus, so dass ta hier nicht „gross" bedeuten kann. Dass neben dem Lande Ta-yüan (lit. Gross-Yüan) von den Chinesen auch noch ein weiter östlich gelegenes Siau-yüan (lit. Klein-Yüan) genannt wird, kann auf falscher Analogie beruhen und aus der Sucht der Chinesen, unverstandene fremde Laute durch Analogien aus der eigenen Sprache zu erklären, hervorgegangen sein. Kingsmill[3]) wandelt auf Irrwegen, wenn er

---

[1]) China, Bd. I p. 470 Anm. 1. „Das Beiwort Ta (gross) wird jedem Volk gegeben, vor dessen Macht oder Kultur die Chinesen Achtung haben."

[2]) S. die Stelle bei Tschau Ju-kua: „Dieses Land ist stark und kriegerisch. Sein Gebiet ist sehr gross und seine Bewohner zeichnen sich durch ihr vornehmes Auftreten vor allen anderen Fremden aus." Die Länder des Islâm nach chines. Quellen, I, p. 21. Vgl. p. 20 Anm. 2.

[3]) „The Serica of Ptolemy and its inhabitants", in J. of the China Branch, R. Asiat. Soc., Vol. XIX (1884), Part II, p. 48.

Ta-yüan als Aequivalent von Ta-yar, mit Yarkand in Zusammenhang bringt. Eher noch dürfte man, da der vom Transkribenten gehörte Laut für die zweite Silbe wahrscheinlich weder yüan, noch wan war,[1]) an eine Verstümmelung des Namens Yavan denken, wenn damit etwa die griechisch-baktrische Bevölkerung gemeint sein könnte, wofür sich wohl schwerlich ein historischer Beweis erbringen lässt.[2]) Da es sich jedoch bei einem dem heutigen Ferghana entsprechenden Lande nicht um Baktrien selbst, sondern um ein vielleicht früher dazu gehöriges Nachbargebiet handelt, so scheint mir das Nächstliegende noch die von Strabo (XI, 11, 2) als Satrapie Baktrien's erwähnte Landschaft Τουριούαν zu sein, wenn auch die Lesart zu schwanken scheint und Strabo's Bemerkung, dass sie dem Eukratides von den Parthern wieder abgenommen worden sei, eher auf ein im Nordwesten als auf ein im Nordosten von Baktrien gelegenes Gebiet deutet. Sonst brauchte das allerdings seltene vollständige Verschwinden des R im chinesischen Tayüan, wenn wir an dieser Identifikation festhalten wollten, so wenig ein Hindernis zu bilden, wie es in der chinesischen Form tiyeku für Θηριακά (Theriak)[3]) der Fall ist. Brunnhofer[4])

---

[1]) Ich folge hierin einer Theorie, die darin besteht, dass, wenn die alten Scholiasten neben die durch ein wohlbekanntes Schriftzeichen dargestellte Silbe (wie hier neben da sonst so ausgesprochene Zeichen wan) die Bemerkung setzen: „an dieser Stelle so und so (in unserem Falle: yüan) auszusprechen," meist ein Fall vorliegt, in dem weder das eine noch das andere ganz richtig war. Hätte die Silbe yüan gelautet, so hätte der Transkribent ein yüan ausgesprochenes Zeichen wählen können; hätte sie wan gelautet, so wäre die Scholie nicht nötig gewesen. Wir dürfen daher als den richtigen noch einen dritten, vermutlich einen dem chinesischen Silbenschatz fremden Laut voraussetzen. Ich habe diese Theorie in vielen Fällen und bei sicheren Identifikationen bestätigt gefunden.

[2]) Vgl. Spiegel, Erânische Altertumskunde, Bd. I p. 216 f. Edkins (China Review, XIX p. 57) hält sogar die Silbe ts'in im Namen Ta-ts'in (Syrien) für ein korrumpiertes javan.

[3]) S. Mein China and the Roman Orient, p. 276 ff.

[4]) Vom Aral bis zur Gangâ, p. 63.

kommt nach einer phantasievollen linguistischen Zergliederung des Namens zu der Vermutung, dass Τουριούαν soviel heisst wie „Stutenlust", Ἱππόβοτος, eine Bezeichnung, die ja für das berühmte Pferdeland der Chinesen Ta-yüan kaum besser gewählt sein könnte. Mögen wir nun das Ta-yüan der Chinesen als Satrapie oder als Nachbarland von Baktrien ansehen,[1]) so liegt doch der Voraussetzung, dass griechisch-baktrische Sitten dort heimisch waren, nichts im Wege. Was aber den Griechen in ihren asiatischen Wanderungen überall dahin folgte, wo die Traube zu finden war, ist der Dionysos-Kultus, ein Dienst, der im Osten Erân's, wo sich etwas Sinnverwandtes in dem Kultus des erânischen Gottes Haoma bereits vorfand, leicht zu einer Verschmelzung griechischer und erânischer Anschauungen führen konnte. Wie der Weinstock, war das Haoma eine Pflanze, deren Saft ein berauschendes Getränk lieferte. Pflanze und Getränk waren einer Gottheit heilig, die sogar denselben Namen führte, ganz wie dies bei den parallelen Begriffen der Indier, dem Soma als Pflanze, Getränk und Gottheit der Fall war. Vom Haoma- und Soma-Kultus sagt Spiegel:[2]) „In beiden Religionen wird dieses Getränke aus einer Pflanze gewonnen und es will wenig bedeuten, wenn diese Pflanze bei beiden Völkern nicht dieselbe ist." Dasselbe können wir vom

---

[1]) Wenn Strabo (XI, 11, 1) mit Apollodorus von Artamita sagt, dass das Gebiet von Bactriana sich bis zu den Serern erstreckt, so kann sich dies nur auf die Zeit nach der Besetzung von Ta-yüan durch den chinesischen General Li Kuang-li im Jahre 101 vor Chr. beziehen, da erst seit dieser Zeit Ta-yüan in ein regelmässiges Tributverhältniss zum Kaiserhofe trat und deshalb als Grenzland der Serer angesehen werden konnte. Es scheint daraus hervorzugehen, dass Apollodorus, über dessen Lebenszeit wir gänzlich im Unklaren sind, nicht vor dieser Zeit schrieb und wahrscheinlich in die Zeit 101 vor Chr. bis zur Niederschrift von Strabo's Text, also wohl nicht später als 18 vor Chr., zu verlegen ist. Das Mittel aus diesen äussersten Daten, etwa das Jahr 60 vor Chr., dürfte nicht allzuweit von der Wirklichkeit entfernt sein. Vgl. Bunbury, A History of Ancient Geography, Vol. 1 p. 571 Anm. 6 u. Vol. II p. 162 Anm. 4.

[2]) Erân. Altertumsk., Bd. I p. 433.

Dionysos-Dienste der baktrischen Griechen sagen. Ob eine Verschmelzung dieser sich so nahestehenden Kulte bei der engen Berührung, die wir noch in der eukratidischen Zeit zwischen griechischen und eränischen Elementen voraussetzen dürfen, stattgefunden hat, lässt sich wohl nicht mit Bestimmtheit nachweisen. Der Gedanke eines solchen kombinierten Kultus

Fig. 8.
Metallspiegel mit Traubenmuster. Nach Si-ts'ing-ku-kién, Kap. 40 p. 17.

wird jedoch unterstützt durch die Erfahrungen, die wir auf zentralasiatischen Gebieten mit nestorianischen Christen und Feuerkultus gemacht haben. Die Metallspiegel, deren Haupt-Ornament die dem Dionysos heilige Traube bildet, enthalten noch eine Reihe anderer, der Tierwelt entlehnter Attribute dieses Gottes, vor allen Dingen den Löwen, der auf mehreren

Spiegeln an der Mähne deutlich zu erkennen ist; weniger sicher, aber deutlich genug, um auf ein katzenartiges Raubtier schliessen zu lassen, den Panther; ferner den Bock (Si-ts'ing-ku-kién, Kap. 40 pp. 11 u. 12), den Wolf, die Elster (ts'iau), und die Biene.¹) Die beiden letzteren werden so auf einem Traubenspiegel vom Herausgeber des Kin-schī-so (fol. 37) gedeutet. Sehr häufig und nicht

Fig. 9.
Metallspiegel mit Traubenmuster. Nach Si-ts'ing-ku-kién, Kap. 40 p. 18.

zu verkennen sind das Pferd, meist in eleganter Darstellung und in lebhafter Bewegung begriffen, auch mit deutlich gefiederten Flügeln versehen in jeder Beziehung dem griechischen Pegasus ähnlich, das Wiesel und der Pfau mit dem charakteristischen Schwanzornament. Pferd, Wiesel und Pfau sind mir

---

¹) Föng-tié: „Biene und Schmetterling", ein Ausdruck, der gern auf Insekten-Ornamente jeder Art angewendet wird.

nicht als Attribute des Dionysos bekannt; doch darf uns die häufige Darstellung des Rosses in einem Rassenlande wie Ta-yüan, dem Pferdelande par excellence, nicht überraschen; Wiesel und Pfau waren von Indien her in jener Gegend mindestens wohl bekannt. Eine Anzahl anderer Tierornamente ist nicht genügend charakterisiert, um eine zweifellose Deutung zuzulassen; auch der Weintraube nicht verwandte Pflanzen-Ornamente sind anzutreffen. Sind die genannten ornamentalen Typen, von denen die meisten der chinesischen Kunst und Literatur vor der Zeit des Wu-ti vollständig fremd waren, über eine Anzahl Spiegel dieser Gattung zerstreut, so bildet die Traube in stets geschmackvoller Anordnung den roten Faden, der sich durch alle diese Darstellungen hindurchzieht. Mancherlei Anhalt würde sich durch genaueres Studium dieser Ornamentik, von der ich annehme, dass sie von den Chinesen nicht geschaffen, sondern nach fertigen Mustern kopiert worden ist, für das Vorhandensein eines Dionysos-Dienstes in den Grenzgebieten des mächtigen Reiches des Wu-ti gewinnen lassen; ob uns die Kenntnis etwaiger Attribute des eränischen Gottes Haoma für die Erklärung der nichtdionysischen Elemente zu Hülfe kommen wird, muss ich der Zukunft überlassen. Der Name Hai-ma-p'u-t'au aber könnte die Transkription eines Doppelausdrucks sein, in dem das eränische und das griechische Element dieses Kultus zum Ausdruck kommt in den Namen haoma und βότρυς.) Die Gleichung hai-ma und haoma ist natürlich sehr problematisch und beruht auf Thatsachen, die sich vorläufig nicht beweisen lassen; viel wahrscheinlicher ist dagegen die Etymologie des chinesischen Wortes p'u-t'au, das gleichzeitig mit der Traube zum erstenmal auf chinesischem Gebiete auftaucht und deshalb wohl auch mit ihr aus dem baktrischen Grenzlande Ta-yüan eingeführt worden ist. Der griechische Ursprung des Wortes wird dadurch und wegen der griechisch-baktrischen Beziehungen sehr wahrscheinlich.[1])

---

[1]) Auf die Aehnlichkeit des chin. p'u-t'au mit griech. βότρυς wurde schon von Kingsmill hingewiesen: „P'u-tao-tze, the grape,

Die Erörterung des Einzelnen der durch meine Hypothese zu erklärenden Ornamentik bietet mancherlei Schwierigkeiten, deren hauptsächlichste durch den Mangel an Thatsachen auf baktrischem Gebiete hervorgerufen wird, da wir auch hier wiederum auf Hypothesen angewiesen sind. Ich will mich daher zunächst damit begnügen, auf die Wahrscheinlichkeit fremden Einflusses von dieser Richtung her hinzuweisen, eines Einflusses, der sich indirekt wohl auch auf anderen Kunst- und Kulturgebieten in China geltend gemacht hat, so vor allen Dingen in den durch Édouard Chavannes bekannt gewordenen Stein-Skulpturen der späteren Han. Ob der Metallspiegel als Kunstform, so wie wir ihn im Anfang des 1. Jahrhunderts v. Chr. in China finden, gleichfalls aus der Fremde eingeführt wurde, oder ob er schon vorher vorhanden war, will ich hier nicht entscheiden. Sicher werden Metallspiegel schon in früheren Perioden erwähnt, doch wissen wir nicht, ob und wie sie verziert waren. Ich bin geneigt, das hai-ma-p'u-t'au-kién für die älteste Form und die schang-fang-kién und anders genannten Spiegel der Han für Versuche zur Nationalisierung der durch das Traubenornament so schnell sich bei chinesischen Kunstverehrern einschmeichelnden höheren Spiegel-Ornamentik zu halten. Wie wenig es den Chinesen gelungen ist, bei diesen bis in die Neuzeit fortgesetzten Versuchen, Traube, Löwen und Pegasus durch Drache, Phönix und andere Typen rein chinesischen Ursprungs zu ersetzen, den nur flüchtig eroberten Geist des Griechenthums wieder zu finden, zeigt ein Blick auf die zahlreichen Spiegel-Abbildungen der oben genannten kunstgeschichtlichen Werke. Zunächst wird es sich der Mühe verlohnen, diese ganze Spiegelornamentik einer eingehenden Prüfung zu unterwerfen, um festzustellen, was sich von diesen Elementen etwa in den früheren chinesischen

---

is apparently connected with the Greek βότρυς." S. „The Intercourse of China with Central and Western Asia in the second century B. C.", in J. of the China-Branch, R. Asiat. Soc., Vol. XIV (1879), p. 5, Anm. 1.

Perioden vorfindet. Nach dem ersten Eindruck will es mir scheinen, dass sich in der Literatur der Tschóu nichts findet, das uns berechtigte, auf eine Vererbung selbst der Symbolik zu schliessen, wie sie in den Trauben-Spiegeln angedeutet ist. Die blosse Nennung der Namen der hauptsächlichsten Ornamente, wie Traube, Löwe, Panther u. s. w., genügt als Beweis, dass es in jener Zeit sich um etwas der chinesischen Phantasie vollkommen Neues handelte.

Sind wir bezüglich des griechisch-baktrischen Einflusses auf die chinesische Kunst lediglich auf Vermuthungen angewiesen, die sich aus der Gleichzeitigkeit eines Umschwungs im Kunstgeschmack mit der Ausbreitung der chinesischen Macht in der Richtung nach Westasien ergeben, so betreten wir schon sichereren Boden seit der Einführung des Buddhismus in China, einem Ereignisse, das sicher nicht vor den berühmten Traum des Ming-ti im Jahre 61 nach Chr. zu versetzen ist. Von Richthofen's Ansicht,[1]) dass schon im Jahre 288 vor Chr. der Buddhismus im Nordwesten Chinas Fuss gefasst habe, da es bei den Kleinen Yüé-tschï nach chinesischen Berichten aus dem Jahre 550 nach Chr. einen Tempel des Buddha gegeben habe, welcher damals 842 Jahre alt war, beruht auf einer Verwechslung der Kleinen Yüé-tschï Indiens, die in der Gegend von Peschawer sassen, mit denen an den Ufern des Bulungir. In Indien, nicht im Nordwesten Chinas, ist jene 80 Tschang hohe Buddha-Tope vom Jahre 292 vor. Chr.[2]) zu suchen, da der genannte chinesische Bericht,

---

[1]) China, Bd. I p. 440, Anm., ad finem.
[2]) Von Richthofen's Berechnung (288 vor Chr.) ist nicht ganz genau. Der Text des Weï-schu sagt: „10 Li östlich von der Stadt (Fu-lóu-scha) ist ein buddhistischer Thurm, 350 Schritte im Umfang und 80 Tschang hoch. Seit der ersten Gründung des Buddha-Thurmes bis zum 8. Jahre Wu-ting (= 550 nach Chr.) sind 842 Jahre verflossen; man nennt ihn „das 100 Tschang hohe Buddha-Bild" (pai-tschang-fo-t'u)." Dieser Name dürfte aus dem Sanskrit übersetzt sein, wobei tschang vielleicht einem indischen Maasse entspricht.

der sich im Weï-schu (Kap. 102 p. 17) findet, ausdrücklich von einem Volke der Kleinen Yüé-tschï handelt, deren Haupt-

Fig. 10.
Metallspiegel mit Traubenmuster. Nach Si-ts'ing-ku-kién, Kap. 40 p. 19.

stadt Fu-lóu-scha[1]) hiess und deren Fürst ein Sohn des Fürsten der Ta-yüé-tschï, namens Ki-to-lo, dem Kidara der Münzen,[2])

[1]) Linguistisch gleich Hüan Tschuang's Pu-lu-scha, = Puruschapura oder Peschawer nach Saint-Martin.

[2]) „The coins of the Little Kushâns are of considerable interest, as they begin with KIDARA or KI-TO-LO, the Shâhi of the Tu-

war; vom Vater als Fürsten der Grossen Yüé-tschī im Norden des Hindu Kusch mit dem damals neu erworbenen Besitz in Indien belohnt, wurde er Fürst der Kleinen Yüé-tschī genannt. So hiessen allerdings auch die in ihren Ursitzen am Bulungir zurückgebliebenen ursprünglichen Yüé-tschī, doch standen die indischen mit den zentralasiatischen seit der grossen Wanderung in keinerlei Beziehung miteinander.

Buddhistische Einflüsse sind daher kaum vor dem Ende des 1. Jahrhunderts nach Chr. zu erwarten. Dem Entschluss des Kaisers Ming-ti, sich der neuen Religion anzunehmen, folgte jedoch rasch die That. Schon im Jahre 67 kamen seine Abgesandten aus Indien zurück, auf Schimmeln reitend und beladen mit Gemälden, Götzenbildern und Büchern. Schon damals mögen die indischen Vorbilder einigen Einfluss auf die verwandten Kunstzweige ausgeübt haben, doch vergingen Jahrhunderte, ehe der Buddhismus sich im Volke verbreitete. Sicher lässt sich die religiöse Malerei buddhistischer Richtung ohne indische Vorbilder nicht denken, wir müssen daher fremde Einflüsse voraussetzen, wenn wir lesen, dass Weï Hié, ein Schüler des grossen Drachenmalers Ts'au Pu-hing (in Japan als Sōfutsuyō bekannt), schon am Ende des 3. Jahrhunderts durch eine Darstellung der Sapta Buddha (ts'i-fo) vertreten war. Trotzdem wurden selbst damals noch die für den Gottesdienst bestimmten Buddhastatuen aus Indien und anderen buddhistischen Ländern bezogen. Erst Tai Lu, ein als Musiker, Maler und Bildner gleich ausgezeichneter Künstler des 4. Jahrhunderts, zeigte das nötige Geschick zur Herstellung von Buddhabildern durch Bronzeguss und Holzschnitzerei. Unter seinen Gemälden befinden sich verschiedene Arhan und Pusa. Einer der geschicktesten Maler des 6. Jahrhunderts, Ts'au Tschung-ta,

---

Yueti. or Great Kushāns, who founded the kingdom of the Little Yueti in Gandhāra about A. D. 425 to 430." Later Indo-Scythians von Sir Alex. Cunningham, Numismat. Chronicle. Vol. XIII Ser. III, Separat-Ausg. (London, 1895), p. 55.

stammte aus dem Lande Ts'au. Damit könnten gewisse Fürstenthümer an den Ufern des Sarafschan in der Nähe von Samarkand gemeint sein. In diesem Lande Ts'au jedoch hatte der Buddhismus keine Pflegestätte gefunden; dort wurde der Götze Tös [tö-si] verehrt, der allen östlich vom Westmeer [d. i. vom Kaspischen Meer] wohnenden Völkern heilig war.¹) Ueberhaupt dürfen wir in jener Gegend keinen Herd des Buddhismus erwarten, denn noch im 7. Jahrhundert berichtet Hüan Tschuang von den Bewohnern Samarkands, dass das Volk nicht an Buddha glaube, sondern dem Feuerkultus ergeben sei.²) Da uns jedoch Ts'au Tschung-ta als geschickter Buddhamaler gerühmt wird, so vermuthe ich, dass hier nicht das Samarkander Ts'au gemeint ist, sondern ein Land Ts'au (ähnlich geschrieben und vollständig gleich ausgesprochen, weshalb eine Verwechslung der Schriftzeichen leicht möglich ist), das, mit Ki-pin identisch, der Gegend von Kabūl entsprach. Er hat daher wohl den Keim zu seiner späteren Entfaltung als Buddhamaler aus seiner indischen Heimat mitgebracht. Uebrigens behandelte er auch andere Gegenstände, von denen ein Pferdebild bis ins 8. Jahrhundert erhalten war.

Für das Mittelalter lassen sich besonders auf dem Gebiete der Malerei fremde Einflüsse vielfach nachweisen. Tung Po-jön, einer der hervorragendsten Meister des 6. Jahrhunderts, war von Geburt Annamite. Nach dem Kataloge des P'ei Hiao-yüan, worin der Bestand der im Reiche zerstreuten Sammlungen in der Periode Tschöng-kuan (627 bis 650) aufgezählt wird, waren damals noch Gemälde von ihm in den Tempeln verschiedener grosser Städte erhalten.

---

¹) Nach den im Anfang des 7. Jahrhunderts entstandenen Aufzeichnungen des Sui-schu, Kap. 83 p. 14. Vgl. Vambéry, Das Türkenvolk, p. 123: „Es geschieht zur Beschwichtigung des bösen Geistes, dass man, wie Pallas berichtet, an jedem Gezelt auf der östlichen Seite aussen eine Art Götzen eingesteckt findet, den sie Tös oder in der Mehrzahl Töstör nennen."

²) S. Julien, Vie de Hiouen-Thsang, p. 59.

Der Kaiser Yang-ti (605 bis 617) zog bekanntlich hervorragende Geister aller Nationen an seinen Hof. Zu diesen gehörte auch der Maler Badschna (Weï-tschï Pa-tschï-na), dem schon zwei indische Mönche, nämlich Kabōdha[1]) und Dharma Kukscha [Tan-mo kūé-tscha] vorausgegangen waren.

Fig. 11.
Metallspiegel mit Traubenmuster. Nach Sï-tsʻíng-ku-kién, Kap. 40 p. 21.

Kabōdha war schon am Hofe des bis in die Mitte des 6. Jahrhunderts regierenden Hauses Toba (Dynastie Weï) ein gern gesehener Gast gewesen. Später malte er für ein von einem Kaiser der kurzlebigen Dynastie Sui (581 bis 618)

---

[1]) Schï Kia-fo-tʻo, der Mönch Kia-fo-tʻo, bei Paléologue: Çākya Buddha. Die chinesischen Texte trennen jedoch das schï

errichtetes Kloster ein Tempelbild. In dem Kataloge des P'eï Hiau-yüan finden sich als von Kabōdha stammend auch Titel, die auf seine Vorliebe für fremde Gegenstände deuten, u. a. zwei Rollen betitelt: „Menschen und Gegenstände aus dem Lande Fu-lin [Syrien]" und zwei Rollen „Allerhand Tiere aus fremden Ländern".[1]) Es wurden also mit diesen Bildern fremde Typen durch einen fremden Maler auf chinesischem Boden dargestellt.

Der bereits genannte Maler Badschna stammt, wie uns Tschang Yen-yüan, der grosse Kunsthistoriker des 9. Jahrhunderts[2]), mitteilt, aus dem Westen. Der Biographie seines Sohnes J-söng entnehme ich die Thatsache, dass die Familie nach einigen aus der Stadt Khoten, nach anderen aus T'u-huo-lo, d. i. Tocharestan (Hauptstadt: Balkh), stammte.

Khoten sowohl wie Balkh waren gerade in jener Zeit hervorragende Pflegestätten des Buddhismus; beide Plätze haben daher gleichen Anspruch auf die Wahrscheinlichkeit, die chinesische Künstlerzunft um ein Genie buddhistisch-religiöser Richtung bereichert zu haben. Da jedoch Khoten als Geburtsort des J-söng von Tschang Yen-yüan (841 n. Chr.), T'u huo-lo (Tocharestan) dagegen erst von Tschu King-hüan, dem bedeutend späteren Verfasser einer Geschichte der Malerei zur Zeit der T'ang-Dynastie, genannt wird, so bin ich geneigt, schon deshalb an Khoten als die Heimat

---

(Mönch), das allerdings sonst mit kia zusammen in der Transkription des Lautes sākya verwendet wird, vom Namen; in einigen Texten wird sogar söng (Priester) für schī gesetzt. Es bleiben also nur die Silben kiu-fo-t'o für den Namen übrig, weshalb ich als dessen indische Form Kabōdha oder etwas dem Aehnliches vorziehe.

[1]) Der Maler dieses Bildes wird im Katalog des P'cï Hiau-yüan (Schu-hua-p'u, Kap. 95 p. 9) genannt als: Söng Kia-fo-t'o, „der Bonze Kia-fo-t'o". Wenn der Titel des erstgenannten Gemäldes vom Maler selbst stammt, so ist dies vermutlich das älteste Vorkommen des Ausdrucks Fu-lin, den ich (China and the Roman Orient, p. 284 ff.) mit Betlchem identifizierte.

[2]) Im Li-tai-ming-hua-ki, seiner Geschichte der Malerei in China von den ältesten Zeiten bis zum Jahre 841 n. Chr.

der beiden Weï-tschï zu denken. Ueber Khoten wird im Sui-schu, einer auf den Anfang des 7. Jahrhunderts zurückgehenden Quelle, berichtet, dass die Bevölkerung dem Buddhismus ergeben sei und dass Mönche und Nonnen dort in besonders grosser Zahl leben. Der Fürst halte die Fastenzeit streng ein. In der Nähe lag ein angeb-

Fig. 12.
Metallspiegel mit Traubenmuster. Nach Si-ts'ing-ku-kién, Kap. 40 p. 22.

lich vom Arhan Bhikschu Vairotschana erbautes Kloster, wo auf einem Felsen die Fusstapfen des Pratyêka-Buddha gezeigt wurden. In einem anderen Kloster in der Nähe soll Lau-tzï seine Lehren unter den Tartaren verbreitet haben. Diese allerdings nur knappe Schilderung bezieht sich auf die vermutliche Zeit, in der Weï-tschï Pa-tchï-na, der Vater, nach China auswanderte. Sehr viel ausführlicher ist die Schilderung des Hüan Tschuang, des grossen buddhistischen Reisenden, der im Jahre 645 von seinen indischen Wanderungen über Khoten nach China zurückkehrte und als Zeitgenosse Weï-tschï J-söngs, des Sohnes, zu betrachten ist, da dieser im Anfang der Periode Tschöng-kuan (627 bis 650, also etwa um die Zeit, als Hüan Tschuang, dem er in Tsch'ang-an-fu recht gut begegnet sein könnte, seine Reise antrat, 629 nach Chr.) von seinem Landesfürsten dem chinesischen Kaiser empfohlen wurde, von dem er ein hohes Hofamt[1]) erhielt und mit erblichem Herzogstitel belehnt wurde. Damals war Khoten mit seinem Fürstenhofe dem Buddhismus vollständig ergeben, und was die Wahrscheinlichkeit der Abstammung der beiden Buddhamaler aus dieser Stadt noch erhöht, ist der Charakter des Volkes, von dem Hüan Tschuang sagt: „Die Bewohner sind mild und ehrerbietig, lernbegierig und von umfassendem Verständnis und Geschick für Literatur und Kunst."[2]) Die Bevölkerung von T'u-huo-lo (Tocharestan) wird dagegen als rauh und wenig intelligent geschildert. Wenn wir Hüan Tschuangs Bericht zu Grunde legen, so ist daher Khoten viel eher der Ort, wo sich eine Malerschule bilden konnte, als die Gegend von Balkh. Es ist daher schon deshalb nicht unwahrscheinlich, dass Badschna aus Khoten bereits als fertiger Maler nach China kam und dass er seine Manier als Lehrer seines Sohnes auf diesen übertrug. Thatsächlich berichten uns die alten Biographen, dass J-söng bei

---

[1]) Su-weï-kuan, „Kapitän der Leibgarde."
[2]) Ta-t'ang-si-yü-ki, Kap. 12 p. 12. Julien, Hiouenthsang, III p. 223, übersetzt: „Les habitants sont d'un naturel doux et respectueux; ils aiment à étudier les lettres, et se distinguent par leur adresse et leur industrie"; doch kommt Beal, Buddhist Records, Vol. II p. 309, dem wahren Sinne näher, wenn er sagt: „they love to study literature and the arts, in which they make considerable advance." Der Ausdruck i, den Beal richtig mit „the arts" übersetzt, bedeutet mehr als blosse Geschicklichkeit, denn er umfasst auch die höheren Künste, wie die Heilkunde und die Malerei. Vgl. das Kapitel i-shu, Abt. 17 des T'u-schu-tsi-tsch'öng.

seinem Vater in die Schule ging; ferner dass er, wie oben
erwähnt, mit Empfehlungen seines Landesfürsten nach China
kam — „wegen seines koloristischen Talentes". In der Heimat
soll ein älterer Bruder namens Kia-söng gelebt haben, von
dessen Kunst jedoch keine Proben in China erhalten waren,
während von J-söng ein durch zahlreiche authentische Siegel
als echt beglaubigtes Bild,[1]) eine Darstellung des T'ién-wang,
d. h. Himmels-Fürsten, noch im 16. Jahrhundert vorhanden
war. Welche buddhistische Gottheit mit diesem Ausdruck
gemeint war, wage ich nicht zu entscheiden. Nach Mayers[2])
heissen T'ién-wang die vier himmlischen Könige (Dêvarâdja)
Dhritarâschtra, Virûdhaka, Virûpâkscha und Vâiçravana,
deren Verehrung vom singhalesischen Missionar Amôgha in
China eingeführt worden sein soll. Da dieser im Jahre 774
starb, also wohl noch ein Zeitgenosse des Malers war, so
stände der Erklärung des T'ién-wang-Bildes als einer Darstellung der Dêvarâdja nichts im Wege, wenn nicht aus dem
Katalog der Gemäldegalerie des Kaisers Hui-tsung ersichtlich
wäre, dass darin bereits Tschang Söng-yu, der in Japan unter
dem Namen Tschōsōyu bekannte chinesische Buddhamaler, der
am Ende des 5. und im Anfang des 6. Jahrhunderts wirkte, mit
einem Bilde des T'ién-wang vertreten war. In einem Glossar
buddhistischer Ausdrücke[3]) finde ich den Namen Yin-t'o-lo,
d. i. Indra, als Aequivalent von T'ién-wang, was bei einem
buddhistischen Maler den verschiedenen rein chinesischen
„Himmelsfürsten" der älteren Literatur gegenüber als wahrscheinliche Deutung vorzuziehen ist. Ich weiss nicht, was

---
[1]) Als untrüglichstes Zeichen der Echtheit gilt dem chinesischen
Kunstkritiker für solche Perlen früh-mittelalterlicher Kunst die durch
Siegel beglaubigte Thatsache, dass ein Bild einst dem Museum des
Kaisers Hui-tsung angehört hat, der von einem hoch angesehenen
Kreise von Künstlern und Kunstverständigen umgeben war und nicht
in dem Rufe eines durch Nachahmungen leicht zu täuschenden
Sammlers stand.

[2]) The Chinese Reader's Manual, pp. 172 u. 310.

[3]) Dem von mir im T'oung pao, Vol. VI p. 318 besprochenen
Siang-kiau-p'i-pién, Kap. I f. 11.

aus dem „Himmelsfürsten-Bilde" (t'ién-wang-t'u) des Weï-tschï J-söng geworden ist. Von den im Ts'ing-ho-schu-hua-fang, einer kritischen Kunstgeschichte des 17. Jahrhunderts,[1]) mitgeteilten Legenden der verschiedenen auf dem Bilde abgedrückten Beglaubigungssiegel stammt eine der jüngsten von Hiang Tzï-king, genannt Mo-lin-kü-schï, einem wohlbekannten Aquarellisten und Schwarz-weiss-Maler des 16. Jahrhunderts, dem wir die von Dr. Bushell herausgegebene illustrierte Beschreibung seiner eigenen Sammlung alter chinesischer Porzellane verdanken;[2]) andere gehören den Siegeln der Sung-Kaiser Jön-tsung, Hui-tsung und Kau-tsung an. Im Kataloge des Hui-tsung war Weï-tschï J-söng noch durch acht Gemälde, meist buddhistischen Inhalts, vertreten, von denen eines eine Darstellung der Göttin Ta-peï, der bei den Chinesen meist Kuan-yin genannten buddhistischen „Mutter Gottes", enthielt.

Nach der Schilderung des Tschu King-hüan[3]) trugen die Gemälde des Weï-tschï J-söng einen entschieden fremden Charakter. „Seine Guṇa-Bilder, menschliche Figuren, sowie Blumen und Vögel (kung-tö-jön-wu-hua-niau) sind sämmtlich Darstellungen fremder Dinge und entbehren der chinesischen Würde." Trotzdem wurde J-söng seiner Zeit in seinen Leistungen mit dem grossen Koloristen des 7. Jahrhunderts, Yen Li-pön, verglichen, womit Tschu King-yüan wohl weniger den Stil als die Wahl des Gegenstandes meint. In der Darstellung fremder Typen, fügt er hinzu, blieben die Yen'schen Leistungen hinter J-söng zurück. Yen Li-pön, mit seinem älteren Bruder, dem wegen seiner Kenntnisse auf dem Gebiete der Künste zum Minister der

[1]) Bearbeitet von Tschang k'ién-tö, der auch für die Kenntnis des alten Porzellans wichtige Beiträge lieferte, Verfasser des P'ing-hua-p'u (s. mein Ancient Porcelain, p. 10 Anm. 26).
[2]) S. Dr. S. W. Bushell, „Chinese Porcelain before the present Dynasty", in Journal of the Peking Oriental Society, Vol. I p. 65 ff. Vgl. a. Ancient Porcelain, p. 11 f.
[3]) T'ang-tschau-ming-hua-lu, zitiert im Schu-hua-p'u, Kap. 46 p. 4.

öffentlichen Arbeiten und Herzog von Ta-an beförderten Yen Li-tö, einer kunstsinnigen Familie entstammend, übertraf den Bruder noch als Maler, mit dem er jedoch die Lust zur Darstellung fremder Völkertypen gemein hatte, die damals am Hofe der T'ang durch zahlreiche Gesandtschaften

Fig. 13.
Metallspiegel mit Traubenmuster. Nach Si-ts'ing-ku-kién, Kap. 40 p. 24.

vertreten waren. Die Galerie des Kaisers Hui-tsung (Anfang des 12. Jahrhunderts) enthielt noch 42 Gemälde des Li-pön, darunter das berühmte Bild Si-yü-t'u, Darstellungen von Völkertypen aus den westlichen Grenzgebieten,[1] das noch

---

[1] Die Darstellungen fremder Völkertypen bildeten seit der Zeit des Kaisers Yüan-ti von der Dynastie Liang, der 552 bis 555 regierte, aber schon als Kronprinz nicht nur ein hervorragender Kunstmäcen,

zur Mongolenzeit von Tschau Möng-fu, dem i. J. 1322 verstorbenen Pferdemaler am Hofe des Khublai Khan, mit einem Autogramm versehen wurde, worin die Vorzüge des Bildes

Fig. 14.
Motallspiegel mit Traubenmuster. Nach Si-ts'ing-ku-kién, Kap. 40 p. 25.

und die Schwierigkeiten des Gegenstandes hervorgehoben werden. Die von Yen Li-pön und seinem Bruder eingeschlagene Richtung wurde wohl auch von Weï-tschï J-söng

---

sondern auch ausübender Künstler war, einen Lieblingsgegenstand der dazu veranlagten chinesischen Maler. Yüan-ti hatte eine Serie ethnographischer Darstellungen unter dem Titel Tschï-kung-t'u d. h. „Tribut-Zeichnungen", zu einem Werke vereinigt, das im Katalog der kaiserlichen Bibliothek der Dynastie Sui (618 n. Chr.) als damals vorhanden erwähnt wird.

verfolgt, nur mit dem Unterschiede, dass dieser selbst den fremden Gebieten entstammte, deren ethnographische Typen er mit eigenartiger Kraft und, wie ich aus der Bemerkung des Tschu King-yüan schliesse, in einem von dem traditionellen chinesischen in auffallender Weise abweichenden Stile darstellte. Dass dies der in seiner Heimat kultivierte Stil war, ist sehr wahrscheinlich, mögen wir annehmen, dass der Künstler in Balkh zu Hause war oder in Khoten, wo ein notorisch buddhistisch-frommer Fürst sich für den kunstbegabten Unterthan interessieren konnte. Was sich in Khoten damals an Leistungen auf dem Gebiete der Malerei etwa vorfand, war sicher indischen Anregungen zu verdanken, und da Weï-tschï J-söng, von den Darstellungen fremder Völkertypen abgesehen, sich hauptsächlich als Buddha-Maler auszeichnete, so dürfen wir annehmen, dass seine Manier sich mehr dem indischen als dem chinesischen Geschmack näherte. Auf seinen Buddha-Bildern wird die Tiefe der Farbe gerühmt, die sich dick von der seidenen Bildfläche abhob.

Ich habe den Versuch gemacht, aus inneren Gründen die Wahrscheinlichkeit der Abstammung des Meisters aus Khoten gegenüber T'u-huo-lo (Tokharestan, Balkh) abzuleiten. Zu diesen Gründen kommt noch eine merkwürdige Thatsache. Wie der Maler J-söng und sein Vater Badschna, führte auch der damals auf dem Thron von Khoten sitzende Fürst den Familiennamen Weï-tschï. In der alten Encyclopädie Ts'ö-fu-yüan-kui (Anfang des 11. Jahrhunderts) finden sich folgende Aufzeichnungen: „Im Jahre 632 schickte der Fürst von Khoten namens Weï-tschï Wu-mi Gesandte mit einem Nephrit-Gürtel als Tributgeschenk, worauf der Kaiser eine huldvolle Antwort erliess."

Dazu lese man die Stelle, die sich in den Reichsannalen der T'ang[1] findet: „Des Fürsten Familienname ist Weï-tschï, sein Personenname Wu-mi, er ist den Türken unterthan.

---

[1] T'ang-schu, Kap. 221 A p. 23.

Im Jahre 632 schickte er Gesandte mit Tributgeschenken. Drei Jahre später [also 635]¹) schickte er seinen Sohn zum persönlichen Dienst bei Hofe."

Im Jahre 635 kam nach der Version der beiden T'ang-schu der Fürst von Khoten, namens Fu-schö-sin selbst nach China, wo er zum General der Leibgarde ernannt und sein Sohn mit einem ähnlichen Titel geehrt wurde; in dem Texte der Encyclopädie T'u-schu-tsi-tsch'öng wird dasselbe Ereignis in die Periode Yung-hui (650 bis 656) verlegt.²)

Es scheint aus diesen Aufzeichnungen hervorzugehen, dass die beiden Maler Badschna und J-söng dem Stamme des Fürsten von Khoten angehörten, dessen Familiennamen sie mit ihm gemein hatten; dass Weï-tschï Wu-mi, der Name jenes fürstlichen Gönners war, der J-söng im Anfang der Periode Tschöng-kuan, wahrscheinlich im Jahre 632, wenn nicht gleichzeitig mit seinem Sohne 635, mit Empfehlungen an den Kaiserhof schickte, wo beide Ehrenstellen in der nächsten Umgebung des Kaisers erhielten; endlich, dass Wu-mi nicht lange darauf verstarb oder abdankte, da der Fürst von Khoten, der 635 [wenn nicht 650 bis 656] selbst nach China kam, einen anderen Namen trug.

Der Grund, weshalb ich bemüht bin, die wahrscheinliche Heimat dieser in China eingewanderten Malerfamilie mit grösserem Interesse zu befestigen als die so mancher anderer uns dem Namen nach bekannten fremden Künstler, liegt in der Bedeutung, die ich für Weï-tschï J-söng als den Gründer einer für die Genealogie der Kunst in Ostasien wichtigen Schule in Anspruch nehmen muss. In einem gegen das Ende der Mongolenherrschaft in China im Jahre 1365 veröffentlichten kunsthistorischen Werke, dem T'u-hui-pau-kién (Kap. 5 p. 19) finden sich nämlich einige flüchtige

---

¹) Nach Kiu-t'ang-schu (Kap. 198 p. 18) im Jahre 639.
²) Wegen der diese Missionen begleitenden politischen Begebenheiten s. Rémusat, Histoire de la ville de Khotan, p. 67 ff. Rémusat's Uebersetzung folgt dem Texte der genannten Encyclopädie in ihrer Pién-i-tién genannten 8. Abteilung, Kap. 56.

Bemerkungen über die Malerei in den Nachbarländern Japan, Turfan (Kau-tsch'ang), Tibet und Korea, deren Inhalt ich hier kurz wiedergeben will. Japanische Gemälde waren schon vor der Mongolenzeit in China nicht unbekannt gewesen. In der Galerie des Hui-tsung wurden drei japanische Landschafts- und Volkssittenbilder gezeigt, die in den Jahren 976 bis 984 von reisenden japanischen Bonzen dem chinesischen Hofe gewidmet waren.[1]) Auch im T'u-hui-pau-kién wird ein namenloses japanisches Gemälde besprochen, worin japanische Sitten und Landschaft in dicken, lebhaften Farben mit reicher Verwendung des goldgrünen Kolorits[2]) geschildert werden. „Die Landschaft gehörte zwar einem fremden Lande an, machte aber doch Eindruck, und die Zeichnung war nicht ohne Geschick ausgeführt." Der Autor fügt hinzu, dass zur Zeit (also am Ende des 14. Jahrhunderts) die japanischen Bonzen auch grosses Geschick in der Schwarz-weiss-Malerei besitzen,[3]) insbesondere für die Bildnisse der Kuan-yin, japan. Kwannon, der buddhistischen „Mutter Gottes", und des Buddha.

Zentralasiatische Kunst war nach demselben Bericht in Turfan zu Hause. „Im Lande Kau-tsch'ang [d. i. Turfan]", so sagt die Stelle, „gebrauchen die Maler Gold- und Silberfolie, und mit Zinnober und Tusche wird punktiert. Das Punktieren geschieht durch regenartiges Sprenkeln des Farbstoffes auf Papier. So malte man dort Vögel, die den chinesischen gleichstehen, aber auch die Blumen-Stillleben sind gut."

---

[1]) S. den Katalog im Süan-ho-hua-p'u, Kap. 12 p. 13.
[2]) Kin-pi, eines in China von Li Ssï-sün, dem grössten Landschaftsmaler seiner Zeit und Repräsentanten der nördlichen Malerschule, im 7. Jahrhundert eingeführten, dann von gewissen Malern der Sung-Periode kultivierten und bis in die Neuzeit nachgeahmten Farbentones.
[3]) Wie Li Ssï-sün, der von 651 bis 716 lebte, die koloristische oder nördliche Schule vertrat, so war Wang Wei (699 bis 759) Gründer der schwarz-weissen Richtung der südlichen Schule.

Im Anfang des 11. Jahrhunderts wurde die Malerei in dem zeitweise unabhängigen Reiche der Tanguten geübt; ihr erster Kaiser Tschau Yüan-hau, der seinem Vater im Jahre 1032 als Fürst gefolgt war und später den Kaisertitel angenommen hatte, soll ein geschickter Maler gewesen sein; doch teilt uns der Autor nicht mit, ob die Kunst hier nach chinesischen oder fremden Mustern betrieben wurde. Als eigenartig muss jedenfalls das gelten, was er über die Malerei bei den benachbarten Tibetanern berichtet. „Die Si-fan [Nordost-Tibetaner]", sagt er, „sind geschickte Buddha-Maler; meist zeichnen sie auf baumwollenen Zeugen Phantasiegebilde von merkwürdiger Gestalt, deren Oberfläche sie mit Firniss bestreichen."

Geben uns diese Bemerkungen, für deren Uebersetzung ich wegen der technischen Schwierigkeiten nicht mit allzugrossem Vertrauen bürgen möchte, zwar nur eine geringe Vorstellung von der Malerei jener Nachbarvölker, so ist doch kunstgeschichtlich von grosser Wichtigkeit, was der Autor schliesslich über die koreanische Malerei sagt. Die Koreaner jener Zeit werden wegen ihrer wohlgelungenen Darstellungen der Göttin Kuan-yin gerühmt. Die religiöse Malerei hatte sich dort seit den Zeiten der T'ang selbständig entwickelt und wurde, wie ausdrücklich bemerkt wird, auf das Vorbild des Weï-tschï J-söng zurückgeführt, dessen Manier sich bis ins kleinste Détail dorthin fortgepflanzt hatte.

Diese Thatsache ist für uns deshalb von hohem Interesse, weil in den ältesten Zeiten nach ihrer eigenen Tradition die Kunst der Japaner aus Korea stammt.[1]) Man nahm bisher an, dass dies chinesische Kunst sei, die ihren Weg

---

[1]) Gonse, l'Art Japonais, (Folio-Ausgabe), Vol. I p. 163 ff., sagt: „Jusqu'à Kanaoka, c'est-à-dire jusqu'au IXe siècle, les historiens japonais ne mentionnent qu'une école de peinture, une ancienne école chinoise du nom de Kara Riu. Cette solution ne laisse une certaine inquiétude et ne me satisfait pas complètement. Elle ne m'explique pas la présence, dans l'art japonais le plus ancien, de certains carac-

über Korea nach Japan gefunden habe, doch ist es scharfsinnigen Kritikern aufgefallen, dass gerade den älteren Erzeugnissen der japanischen religiösen Malerei ein gewisses Etwas eigentümlich war, das dem chinesischen Charakter nicht entspricht. Gonse sagt geradezu, dass die alte buddhistische Kunst der Japaner vielmehr indisch ist als chinesisch.[1]) Es lag nahe, so lange uns die Geschichte im Stich liess, diesen fremdartigen Charakter da zu suchen, wo er sich in erster Linie geäussert haben muss, ehe er von den Japanern aufgenommen wurde, nämlich in Korea.[2]) Wie aber jener der chinesischen Kunst fremde, nach Gonse sich mehr dem indischen Geschmack nähernde Charakter in die alte kore-

téres étrangers à l'art purement chinois. J'admets bien volontiers que les procédés matériels, les moyens techniques sont venus au Japon, pour la majeure partie, de la Chine par la Corée, qui, elle aussi, a fourni son contingent d'influence propre. Mais la technique n'est pas tout. Il y a au-dessus du métier un élément d'ordre plus élevé, d'origine souvent aussi mystérieuse que la race elle-même, et qui apparaît précisément dans les rares spécimens de l'art japonais primitif que j'ai pu étudier. L'effort de l'influence chinoise est, selon moi, postérieur à la fin du XIVe siècle et correspond plus particulièrement au commencement du XVe, époque des relations intimes et fréquentes des Shiogouns Ashikaga avec la Chine. C'est le moment où la dynastie des Mings touchait à sa plus grande splendeur.

[1]) Gonse, op. cit. p. 166: „Je veux bien admettre, avec la tradition japonaise, qu'il ait d'abord passé par la Chine avant de venir au Japon; mais je le trouve ici beaucoup plus éloigné du formalisme étroit et lourd de l'esthétique chinoise que de cet art spiritualiste, élégant, animé d'une originale et puissante fantaisie, qui a été en pleine fleur dans l'Inde, à Java, et surtout dans la presqu'île malaise. L'art étonnant que nous révèlent les ruines de Boroboudhour, à Java, et encore plus celles d'Angkor, au Cambodge, se rapproche d'une façon singulière du peu que nous connaissons des premières productions de l'art bouddhique au Japon. Celui-ci, en un mot, est plus indien que chinois."

[2]) Gonse, l. c.: „Et, à vrai dire, cette influence de la Corée, dont on parle si souvent sans en préciser le caractère, nous paraît être, en tant qu'intermédiaire, le vrai nœud de la question. Il paraît prouvé aujourd'hui que la presqu'île coréenne, conquise par le bouddhisme, a été bien longtemps réfractaire à l'influence chinoise,

anische Kunst gekommen ist, dafür wüsste ich keine bessere Erklärung als den Hinweis auf die Herkunft des Künstlers, der den buddhistischen Malern der Halbinsel als Muster diente, des Zentralasiaten Weï-tschï J-söng. Was wir an indischen Zügen in der japanischen religiösen Malerei in der Zeit zwischen dem 7. und 14. Jahrhundert bemerken, dürfte auf dem Umwege von Indien über Khoten, die Heimat des J-söng mit ihrem kunstliebenden Fürstenhofe, und von dort über Tschang-an-fu, die Kaiserstadt des 7. Jahrhunderts, und Korea nach Japan gelangt sein.

Ich habe an einigen, wie mir scheint, einleuchtenden Beispielen zu zeigen versucht, dass uns die Geschichte der chinesischen Kunst, wie wir sie zwischen den Zeilen der zwar oft dunkeln, aber, wo es sich um einfache konkrete Thatsachen handelt, meist zuverlässigen chinesischen Literatur lesen können, so manche Bresche zeigt, die von aussen her in die chinesische Mauer der sonst so konservativen Kunst des Mittelreiches geschossen worden ist. Ich könnte noch mehrere Namen nennen, die von indischem Einfluss zeugen, doch ist die Geschichte des Buddhismus in China zu gut bekannt, um eine weitere Begründung ihres Zusammenhangs mit der religiösen Kunst nötig erscheinen zu lassen. Unabhängiger bildete sich die Landschafts- und Blumen-Malerei aus, namentlich die Schwarz-weiss-Malerei in den nicht-religiösen Branchen, die seit Wang-weï im 7. Jahrhundert mehr und mehr Gelehrten-Sport wurde. Fremde Einflüsse machten sich am meisten unter der Dynastie T'ang geltend. Unter den Sung traten sie weniger in den Vordergrund, obgleich in der Galerie des Hui-tsung eine besondere

---

et que cette race singulière, tout à fait différente à l'origine de la race mongolienne, ayant ses moeurs, sa civilisation, même ses arts, a conservé, jusqu'à une époque relativement récente, son autonomie. La Corée a donc pu et a dû avoir une grande influence sur le Japon bien avant celle de la Chine."

Abteilung — im Katalog fan-tsu-mön, „Klasse der fremden Gegenstände", genannt — den Gemälden gewisser nicht-chinesischer Künstler gewidmet war, die sich vorzugsweise mit der Darstellung ethnographischer Bilder befasst hatten. Unter diesen war der K'itan-Tartar Hu Huan mit 65 Bildern, sein Sohn Hu K'ién mit 44 Bildern vertreten,

Fig. 15.

Metallspiegel mit Traubenmuster. Nach Si-ts'ing-ku-kién, Kap. 40 p. 31.

deren Titel auf die Darstellung zentralasiatischer Typen wie „weidende Pferde", „Jagdzüge", „Kamele", „Reiterbilder", u. dgl. m. schliessen lassen. Hu Huan wird besonders wegen der feinen Führung seines aus Wolfshaar gefertigten Pinsels gerühmt. Die beiden Künstler, Vater und Sohn, gehörten der sogenannten späteren T'ang-Dynastie [1] (923 bis 936

n. Chr.) an. Aehnliche Gegenstände wurden von Li Tsan-hua und Fang Tsung-tschön behandelt. Li Tsan-hua war der Bruder eines Khan's der K'itan-Tartaren, der sich im Jahre 931 unter chinesischen Schutz gestellt und vom Kaiser Ming-tsung, dessen Familienname Li war, seinen chinesischen Namen erhalten hatte. Er war als Maler in allen Fächern

Fig. 16.
Metallspiegel mit Traubenmuster. Nach Si-ts"ing-ku-kién, Kap. 40 p. 82.

geschützt, wo es galt, die Sitten seiner nördlichen Heimat zu schildern, besonders Tartaren-Typen, gesattelte Pferde, Trachten und Reitzeug der Vornehmen seines Landes. Bei den reisenden Kaufleuten, die sich in den tartarischen Grenzgebieten umhertrieben, war grosse Nachfrage nach den Bildern des Li Tsan-hua, die in der chinesischen Hauptstadt hohe

Preise erzielten. Fang Tsung-tschön war aus Tsch'öng-tu gebürtig; sein Interesse für fremde Typen dürfte der Nachbarschaft der in Ssi-tsch'uan oft gesehenen Tanguten und Tibetaner entsprungen sein. Auch von diesen als fremde Bilder klassifizierten Gemälden abgesehen, sind Darstellungen exotischen Inhalts nicht selten, besonders bei den Malern der T'ang. So ist in der Galerie des Hui-tsung der Maler Tschóu Fang (8. Jahrhundert) u. a. mit Bildern wie „Indische Frauen" und „Bilder aus Fu-lin (Syrien)" vertreten; ein Maler Wang Schang aus der Zeit der 5 Dynastien (10. Jahrhundert) mit Titeln wie „Sitten und Gebräuche in Fu-lin", „Frauen aus Fu-lin" und zwei die Darbringung von Tributgeschenken illustrierenden Bildern. Dass buddhistische Darstellungen jeder Art einen indischen Anstrich haben, mag als selbstverständlich gelten; doch ist auch hier die Auffassung sehr verschieden; der eine Künstler macht ein Studium aus der möglichst getreuen Nachahmung des indischen Götzentypus, während andere mit der grossen Schar gedankenloser Arbeiter ihrem Pusa nur die äusseren Attribute ihres indischen Urmodells geben, hinter denen sich ein schlitzäugiger Chinese verbirgt.

Dass indische Einflüsse in der buddhistischen Malerei noch Jahrhunderte nach der Zeit des Kabōdha und Dharma Kukscha in China zu wirken fortfuhren, geht aus einer Bemerkung des Kunsthistorikers Töng Tsch'un hervor, dem wir in seinem Werke Hua-ki die Darstellung des für die Malerei so wichtigen Jahrhunderts von 1074 bis 1167, der medicëischen Periode chinesischer Kunstpflege, verdanken. Derselbe kommt[1]) nach einigen Mitteilungen über die seiner Zeit vielbewunderten koreanischen gemalten Fichtenholz-Fächer (sung-schan), die nach Angabe der Koreaner thatsächlich nicht aus Fichten-, sondern einer Art Weidenholz (schui-liu, lit. „Wasser-Weide") verfertigt waren, ferner über die schon damals wohlbekannten japanischen fichtenen,

---

[1]) Hua-ki, Kap. 10 p. 5.

mit Landschaften, Scenen aus dem Leben, sowie Tannen, Bambus, Blumen und Gräsern bemalten Fächer, auch auf indische Götzenbilder zu sprechen. Dieselben wurden in grosser Zahl von den Bonzen des Klosters Nâlandâ im Lande Magadha gemalt, wo vor vier Jahrhunderten Hüan Tschuang fünf Jahre lang buddhistische Theologie studiert hatte, und dessen grossartige Ruinen noch heute davon zeugen, dass hier einst eine wichtige Pflegestätte indischer Kunst gestanden haben muss.[1]) Doch legt der Verfasser Gewicht auf die Verschiedenheit des Stiles, wenn er sagt: „Die Buddha-, Bodhisattva- und Arhân-Bilder von Nûlanda werden auf indischen Baumwollenstoffen (si-t'ién-pu) gemalt; nur sind die Buddha-Porträts von denen der Chinesen verschieden, die Augen sind ziemlich gross, Mund und Ohren sind eigentümlich, die Ohren herabhängend, die rechte Schulter entblösst und der Körper einfach aufrecht sitzend. Es werden erst auf dem Rücken des Bildes die Wu-tsang[2]) angebracht, alsdann werden die fünf Farben auf der Vorderseite aufgemalt, wobei Gold oder Zinnoberrot als Grundfarbe dient. Da der aus Kuhhaut bereitete Leim für unrein gilt, so bedient man sich [zum Auftragen der Farben?] einer Mischung von Pfirsich-Harz (t'au-kiau) und Weidenruthen-Wasser (liu-tschï-schui). Die Färbung ist sehr dauerhaft, doch ist dies eine Technik, die in China nicht verstanden wird. Als Schau Po, der Akademiker (t'ai-schï),[3]) Präfekt in Li-tschóu [Ssï-tsch'uan] war, liess er durch Bonzen, die von Indien

---

[1]) Vgl. Lassen, Ind. Altertumsk., Bd. 4 p. 692.

[2]) d. h. die fünf inneren Teile, Eingeweide: Herz, Leber, Magen, Lunge und Niere, wie sie in Gestalt von Gold, Silber und Juwelen auch in den Höhlungen der Buddhastatuen aufbewahrt wurden.

[3]) Der zweite Sohn des im Jahre 1134 verstorbenen Schau Powön. S. Sung-schï, Kap. 433 p. 3. Die hier mitgeteilte Thatsache dürfte sich daher auf den Anfang des 12. Jahrhunderts beziehen. Schau Po muss ein reicher Kunst-Mäcen gewesen sein, da sich (nach Hua-ki, Kap. 8 p. 2) einige wertvolle alte Gemälde, darunter eines von Yen Li-pön, dem grossen Meister des 7. Jahrhunderts, in seinem Besitz befanden.

gekommen waren, in seinem Amtsgebäude Buddhabilder malen." Die indischen Bonzen, von denen hier die Rede ist, dürften die noch jetzt von der Regierung als Postroute zwischen Tsch'öng-tu und dem Zollamt Yatung an der tibetanischen Grenze bei Darjeeling oft gewählte Linie über Ta-ts'ién-lu und Lhasa von den Ufern des Ganges aus in umgekehrter Richtung benutzt haben.

Geringer als man erwarten sollte, sind wohl fremde Einflüsse bei der chinesischen Malerei im Jahrhundert der Mongolenherrschaft (1280—1368) zu verzeichnen. Der Umstand, dass Herrscher aus derselben Familie gleichzeitig auf den Thronen von Bagdad und von Peking sassen, hätte bei dem lebhaften Austausch sonstiger Kulturelemente und dem ausgedehnten persönlichen Verkehr, der eine Anzahl ausgezeichneter Fremder aus den westasiatischen Ländern, ja selbst einen Marco Polo, in die Nähe des Khublai Khan zog, der chinesischen Kunst mächtigere Anregungen bringen sollen, als dies thatsächlich der Fall gewesen zu sein scheint. Die mongolischen Kaiser waren grosse Bewunderer der chinesischen Malerei, die zur Zeit Khublai's und seiner nächsten Nachfolger in Tschau Möng-fu, genannt Tzï-ang, einem Nachkommen des durch die Mongolen gestürzten Kaiserhauses der Sung, dem auch Hui-tsung und eine Reihe echt nationaler Künstler angehörte, seinen vornehmsten und einflussreichsten Repräsentanten fand. Während Tzï-ang alles, was der Hof an Interesse für die Malerei übrig hatte, in Anspruch nahm, wurde sein nicht minder grosser Zeitgenosse und Rivale Ts'ién Schun-kü einer der beim chinesischen Volke angesehensten Maler des Jahrhunderts. Auch die vier grössten Landschafter der Mongolenzeit, Huang Tzï-kiu, Wang Su-ming, J Tschuan und Wu Tschung-kui, waren Meister, die sich lediglich nach einheimischen Mustern gebildet hatten, und gerade zu dieser Zeit wurde der rein chinesische Stil, was Malerei anbetrifft, mit besonderem Eifer kultiviert. Mit Recht macht daher Paléologue (p. 275) darauf aufmerksam, dass die zahlreichen Anregungen, die von Indien und Persien her durch die politischen Verhältnisse damals so sehr erleichtert wurden, für die Werke der Malerei nur von geringem Einfluss waren. Wichtiger als in der Malerei waren während des späteren Mittelalters fremde Einflüsse auf dem Gebiete der Kunstindustrie, insofern diese einen Gegenstand des Welthandels bildete. Die fortgesetzten intimen Handelsbeziehungen zwischen dem Khalifenreiche und China mussten natürlich eine Beeinflussung des Geschmacks auf beiden Seiten zur Folge haben. So paradox es auch klingen mag, so lässt es sich doch in vielen Fällen nicht leugnen, dass nicht der Fabrikant die Muster der in das Kunstfach überspielenden Waare erzeugt, sondern der Kunde. Fortgesetzte Nachfrage nach den Gebilden einer bestimmten Geschmacksrichtung und Nichtkaufen-wollen bei den Erzeugnissen anderer Geschmacksrichtungen, mögen diese ästhetisch noch so hoch stehen, ist doch schliesslich das Massgebende auch bei den Kunstprodukten, insofern sie Gegenstände des Handels werden. Ist schon der Maler, wenn er nicht lediglich zu seinem eigenen Vergnügen arbeitet, von dem Geschmack seiner Käufer abhängig, wenn er verkaufen, oder von dem seiner Kritiker, Freund oder Feind, wenn er ihren Beifall erwerben will, — um wie viel mehr der Porzellanbildner und der Brokatweber! Was die Chinesen von den Arabern und Persern während der Zeit, in der die Araber den Welthandel beherrschten, entlehnt haben, darüber könnte man an der Hand der überaus reichen, wenn auch nur nach Ueberwindung grosser Schwierigkeiten einigermassen zugänglichen chinesischen Literatur ein interessantes Kapitel schreiben. Aber auch der Westen hat von China mancherlei empfangen. Diesem Austausch von Gefässformen, Ornamenten und ganzen Industrien, wie z. B. der Emailmalerei, von der ich annehme, dass sie aus Syrien nach China gekommen ist, im Einzelnen nachzuspüren, ist eine der dankbarsten Aufgaben der Sinologie.

Ich will diese Frage hier nicht weiter verfolgen, sondern zu den fremden Einflüssen auf die Malerei als der hauptsächlichsten Repräsentantin der chinesischen Kunst zurückkehren, um eine Arbeit zu beschliessen, deren erschöpfende Behandlung bedeutender Anstrengungen würdig zu sein scheint, die aber hier nur als Anregung zu einem voraussichtlich nicht undankbaren Zweige sinologischer Forschung dienen soll.

Paléologue giebt uns am Schlusse seines Kapitels über die chinesische Malerei[1]) eine höchst interessante Uebersicht über die Anstrengungen, die seit dem Ende des 16. Jahrhunderts von jesuitischen Missionären gemacht wurden, europäische Kultur in China zu verbreiten. Der Kaiser K'ang-hi (1662 bis 1723) war bekanntlich den fremden Missionären persönlich zugethan und schätzte sie wegen ihrer überlegenen Kenntnisse. Namentlich war ihnen entscheidender Einfluss in gewissen wissenschaftlichen Staats-Instituten eingeräumt worden, besonders denen für die Pflege der Astronomie und der Mathematik. Da der Kaiser den Wunsch ausgesprochen hatte, die neuesten Fortschritte in den zeichnenden Künsten der Europäer kennen zu lernen, reiste der Pater Bouvet nach Frankreich, um dort Missionäre anzuwerben, die sich besonders zu Lehrern der einschlägigen Disziplinen eigneten. Seine Wahl fiel auf den Pater Gherardini, einen als Maler bekannten Jesuiten, der die Ausschmückung der Jesuitenkirche in Nevers und der Bibliothek im Ordenshaus der Jesuiten in Paris besorgt hatte, und auf den Pater Belleville, einen geschickten Miniaturmaler. Beide kamen im Anfang des Jahres 1699 in Peking an, wo sie sich schnell die Gunst des Kaisers erwarben. „Leider", fährt Paléologue fort, „wurde ihnen keine Zeit gegeben, daraus Nutzen zu ziehen. Der berühmte Streit zwischen Jesuiten und Dominikanern, der für den Erfolg der christlichen Kirche in China verhängnissvoll werden sollte, brachte es dahin, dass während der letzten Regierungsjahre des K'ang-hi und fast der ganzen Regierungszeit seines Nachfolgers Yung-tschöng (1723 bis 1736) die Missionäre ihres Einflusses beraubt waren und verfolgt wurden."

---

[1]) l'Art Chinois, p. 289 ff.

Paléologue nimmt in Folge dessen an, dass die europäische Kunst erst nach einem späteren Anlauf unter Kiénlung (1736 bis 1796), der die Jesuiten wieder gnädig aufnahm, auf die chinesische einzuwirken begonnen habe,[1]) wenn auch später sich mehr und mehr herausstellte, dass die chinesischen Maler den Regeln der europäischen Kunst mit mehr oder weniger gleichgültigen Gefühlen gegenüber standen.

Ich möchte nun hier darauf hinweisen, dass die Anstrengungen der Pioniere Gherardini und Attiret vielleicht doch nicht ohne jeden Erfolg geblieben sind.

Im Jahre 1893 erwarb ich in Yang-tschóu, einer Stadt, die seit uralten Zeiten im Rufe eines Herdes der Kunst, besonders der Malerei, steht, und einem der dankbarsten Märkte für den Liebhaber chinesischer Gemälde, ein Bild, das mich auf den ersten Blick durch die Frische seiner Farben und ein gewisses Etwas fesselte, das ich bei anderen chinesischen Erzeugnissen vermisste. Zwei weibliche Gestalten, von denen die eine einer vornehm gekleideten jungen Frau, die andere einer hübschen kleinen Sklavin anzugehören schien, die mit Mühe einen grossen, über der Herrin aufgespannten Sonnenschirm einhertrug, wandelten in einem von niedriger Gartenmauer eingefassten Wege dahin. Die flachen Steinplatten der Mauer waren wie mit dem Lineal gezeichnet und ein Versuch, den allernötigsten Gesetzen der Perspektive gerecht zu werden, wogegen der chinesische Maler so gern sündigt, schien gemacht zu sein. Das Bild war gezeichnet: „Kin-mön hua-schï Löng Meï," d. h. „Löng Meï, Maler in Peking."

Ueber diesen Künstler enthält das von den Malern der

---

[1]) „Les PP. Castiglione et Attiret, qui avaient fait en Europe de sérieuses études de peinture, profitèrent de ces heureuses circonstances pour reprendre auprès de l'empereur Kien-long le rôle qui avait échappé, vingt ans plus tôt, aux PP. Gherardini et Belleville auprès de l'empereur Khang-hi". (p. 291.)

gegenwärtigen Dynastie handelnde biographische Handbuch Kuo-tschau-hua-schï[1]) folgende Daten.

Löng Meï, genannt Ki-tschön, aus Kiau-tschóu (Schantung), war ein Schüler des Tsiau Ping-tschön. Er malte vorzugsweise Damenbilder. Im Jahre 1712 wurde er mit den Zeichnungen zu dem illustrierten Werke Wan-schóu-schöng-tién unter der Oberleitung des Wang Yüan-k'i [2]) beauftragt. Zu diesem Werke so wie zu einer vom Maler Schön Yü gemalten Serie in 36 Blättern, betitelt Pi-schu-schan-tschuang-t'u, d. h. „Sommerfrischen in den

---

[1]) Ueber dieses Werk s. meine „Bausteine zu einer Gesch. der chines. Literatur", im T'oung-pao, Vol. VI, p. 323 ff. Ueber den Maler Löng Meï vgl. a. das grosse Maler-Lexikon in 36 Büchern Hua-jön-siug-schï-lu, Kap. 27, p. 34.

[2]) Eines der unter dem Namen szï-Wang, d. h. „die vier Wang", bekannten grossen Landschaftsmaler der gegenwärtigen Dynastie, von denen Wang Schï-min (1592 bis 1680), als eleganter Archaist, Wang Kien (1598 bis 1677), als Präfekt an der Grenze von Tungking lebend, gleichbedeutend als Theoretiker wie als ausübender Künstler, Wang Hui (auch Wang Schï-ku, 1632 bis 1717), Schüler des Vorigen, bekannt als Illustrator des vom Kaiser K'ang-hi herausgegebenen Reisewerks Nan-sün-t'u, als Wang I, II u. III genannt werden. Der vierte, Wang Yüan-k'i, war 1642 geboren und wurde nach seiner Promotion 1670 als Kreisvorsteher zu einem Amte in der Akademie der Wissenschaften berufen, wo seine Gemälde die Aufmerksamkeit des Kaisers erregten. 1705 wurde er zum Vorsitzenden der offiziellen Kommission ernannt, die mit der Kompilation des unter K'ang-hi veröffentlichten grossen Werkes über Schönschreiberkunst und Malerei, des P'ei-wön-tschai Schu-hua-p'u, beauftragt wurde und die zum Teil mit ausübenden Künstlern zusammengesetzt war. Eine ähnliche Stellung nahm er bei der Herausgabe des Wan-schóu-schöng-tién ein, woran auch Löng Meï beteiligt war. Er starb 1715. Ob auch Wang Yüan-k'i von den Lehren der Europäer am Hofe des K'ang-hi Nutzen gezogen hat, sagen uns die Biographen nicht, doch ist es wegen der nahen Beziehungen, in denen der Maler zum Hofe stand, nicht ausgeschlossen, wenn auch nicht sehr wahrscheinlich, da er schon 57 Jahre alt war, als die Jesuitenmaler Gherardini und Belleville in Peking eintrafen, deren Einfluss gerade auf die besten Maler der Neuzeit verloren ging dadurch, dass diese in ihrer Entwickelung einer etwas früheren Periode angehören.

Bergen", besorgte er die Holzschnitte. Das letztgenannte Werk erschien 1713.

Man durfte demnach von seinem Lehrer Tsiau Pingtschön erwarten, dass er mit der auffallenden Geschmacksrichtung des Löng Meï irgendwie in Zusammenhang steht, — eine Vermutung, worin ich mich wohl nicht getäuscht habe in Anbetracht dessen, was uns der Biograph[1]) über ihn berichtet. Danach war Tsiau Ping-tschön aus Tsining (Schantung) gebürtig, also ein Landsmann seines Schülers. Seine Laufbahn als Beamter brachte ihn nach Peking, wo er unter K'ang-hi die Stellung eines Direktors im astronomischen Institut bekleidete. Nebenbei war er ein geschickter Maler. Besonders warf er sich auf die Darstellung von Scenen aus dem Menschen-Leben. Der Biograph fügt hinzu: „Bei der Aufstellung seiner Figuren entsprach das Nahe und Ferne dem Grossen und Kleinen, ohne den geringsten Fehler; denn er arbeitete nach der Methode des Westens."[2]) Wir dürfen hier sicher zwischen den Zeilen lesend annehmen, dass Ping-tschön als Direktor des astronomischen Instituts bei seinen europäischen Kollegen, den in derselben Anstalt beschäftigten Jesuiten, so gut wie möglich in die Regeln der Perspektive eingeweiht wurde, und dass wir mit dieser Vermutung das Richtige treffen, scheint aus der Betrachtung seiner Werke hervorzugehen. Der kunstverständige Astronom wurde nämlich vom Kaiser K'ang-hi mit der Zeichnung einer aus 46 Blättern bestehenden Bilder-Serie, betitelt Köng-tschï-t'u, d. h. „Illustrationen zu Ackerbau und Weberei", beauftragt, die, durch Holzschnitte vervielfältigt, auch in Europa nicht unbekannt ist, da sie die Kenntnis der beim Reisbau und der Seidenkultur in China gebräuchlichen Manipulationen auf geeignete Weise vermittelt. Niemand wird auf diesen Zeichnungen, so chi-

---

[1]) Hua-jön-sing-schï-lu, Kap. 10 p. 17.
[2]) K'i weï-tschï-tschï tzï kin ïr yüan, tzï ta ïr siau, pu-schuang hau-fu; kui si-yang fa yeh.

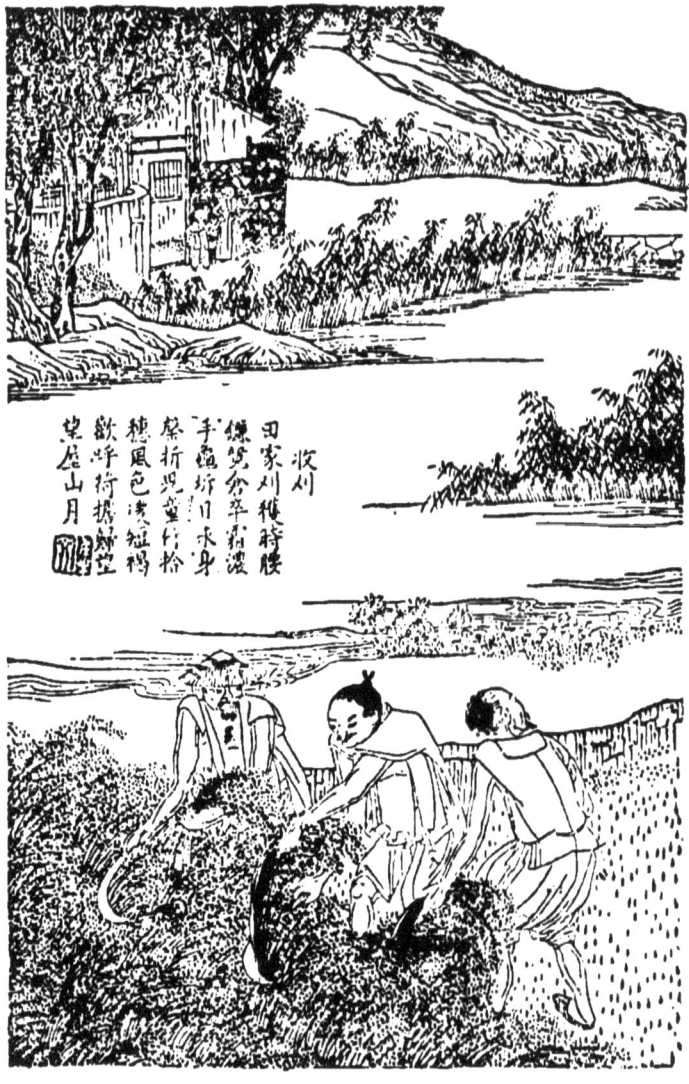

Fig.
„Die Reisernte." Aus der Holzschnitt-Serie Kêng-tschī-t'u, von Tsiau Ping-tschên,

Fremde Einflüsse in der chinesischen Kunst. 59

17.
Direktor im astronomischen Institut zu Peking (Anfang des 18. Jahrhunderts.)

nesisch sie auch in der Auffassung sind, das Bestreben zur Beobachtung richtiger Perspektive verkennen können. [Vgl. die Illustration Fig. 17.]

Lässt sich somit der Einfluss europäischer Lehrer schon für den Anfang des 18. Jahrhunderts unter K'ang-hi nachweisen, so kann man doch nicht behaupten, dass er in seiner Blüthezeit unter Kién-lung bedeutende Spuren hinterlassen hat. Das Bedeutendste an der chinesischen Thätigkeit der Väter Castiglione und Attiret sind wohl ihre eigenen, im Auftrage des Kaisers ausgeführten Leistungen.[1]) Die chinesische Kunst ist nach wie vor ihre eigenen Wege gegangen, und es scheint mir, dass sie daran recht gethan hat. Die europäische Technik verträgt sich nicht mit der ostasiatischen Kunst; die chinesische Malerei, wie die japanische, will als nationales Kulturprodukt aufgefasst sein, denn nur als solches kann sie unser Interesse erregen. Von dem Augenblicke, in dem die ostasiatischen Künstler sich zu europäischen Schulen bekennen, giebt es dort keine nationale Kunst mehr, deren Vorzüge mit ihren Fehlern so eng verwachsen sind, dass mit dem Verschwinden der Fehler auch das, was wir jetzt als charakteristisch-genial anerkennen dürfen, verschwinden muss. Jedenfalls darf der gute Rat, mit dem der fremde Maler etwa einem chinesischen zur Seite steht, nicht zu weit gehen, um gute Früchte zu erzielen. Dies ist, wenn ich mich nicht irre, bei den Werken eines in China hochgeschätzten Holzschnitt-Zeichners der Fall. Schang-kuan Tschóu, genannt Tschu-tschuang, 1664 in Ting-tschóu (Fukién) geboren, erwarb sich mit einem Gemälde des heiligen Berges Lo-fóu-schan bei Canton den Ruf eines bedeutenden Landschafters. Uns aber ist er interessant als der Schöpfer einer Serie von Bildnissen, in denen der Versuch gemacht

---

[1]) In wenigen Jahren gingen mehr als zweihundert Gemälde aus ihren Händen hervor, darunter Porträts des Kaisers, der Kaiserin, mehrerer Prinzen und hoher Mandarine, sowie allegorische Kompositionen als Decken- und Wandgemälde im Kaiserpalaste. Paléologue, op. cit., p. 291.

wird, die hauptsächlichsten nationalen Helden des Schwertes wie des Geistes in charakteristischen Conturen darzustellen. Diese Holzschnitte erschienen im Jahre 1743 unter dem Titel Wan-siau-t'ang Tschu-tschuang hua-tschuan. Einige derselben gehören zu dem Besten, was ich im chinesischen Porträt-Fach gesehen habe, scheinen mir aber unter Beeinflussung, oder wenigstens gelegentlichen Winken eines fremden Künstlers entstanden zu sein, obgleich sowohl die Vorrede des Tschu-tschuang wie auch seine Biographie[1]) über diesen Punkt schweigen. Es steckt in diesen markigen Figuren, zu denen auch das bei Paléologue (p. 263) mitgeteilte Bildnis des Maler-Dichters Wang Weï gehört, ein gewisses Etwas, das dem chinesischen Genius fremd ist, vor allen Dingen die meist richtig angewendete Perspektive. Es scheint, als ob eine Figur, — das auf p. 28 des der Dynastie Sung gewidmeten Abschnittes mitgeteilte Bildnis des Helden Ti Ts'ing,[2]) — an dem sonst so intelligenten Zeichner zum Verräter wird. Als ob sich damit sein fremder Lehrmeister habe ein stilles Denkmal setzen wollen, erscheint hier mitten unter den orthodoxen, peinlich korrekten historischen Kostümen der Chinesen die Karrikatur eines Kopfes, der aus der Umgebung Gustav Adolph's stammen könnte, mit Allonge-Perrüque und Bäffchen über der ehernen Rüstung. [S. Abbildung, Fig. 18.] Dieses Monstrum würde zu den geheimnisvollsten Rätseln der chinesischen Kostümkunde gehören, wenn wir nicht Grund hätten, starken Verdacht bezüglich europäischer Mitwirkung bei der Entstehung des Bildes zu hegen. In der Biographie des Helden, von der auch ein Teil neben seinem Porträt abgedruckt ist, wird nämlich bemerkt, dass Ti Ts'ing mit aufgelösten Haaren in die Schlacht

---

[1]) Hua-jön-sing-schï-lu, Kap. 31 p. 13.

[2]) Ti Ts'ing, genannt Han-tschön, berühmter Heerführer in den Kämpfen gegen die westlichen Liau-Tartaren und Cochinchina, ein Mann von hervorragender Tapferkeit und grosser Strenge im Dienst. Starb 1057 n. Chr. Biographie: Sung-schï, Kap. 290; vgl. Mayers, The Chinese Reader's Manual, No. 668.

zu ziehen pflegte. Nun mochte der Maler im Zweifel sein, wie man einen Krieger mit aufgelösten Haaren überhaupt bildlich darstellen könne. Diesen Zweifel teilte er vermutlich seinem europäischen Kunstberater mit, etwa in Canton, wo sich der Maler schon wegen seines Lo-fóu-schan-Bildes sicherlich längere Zeit aufgehalten hat und wo er Gelegenheit fand, mit Mitgliedern der fremden Faktoreien in Berührung zu kommen. Dieser mochte ihm dann an einem jener uns wohl bekannten Porträt-Stiche des 17. Jahrhunderts demonstriert haben, wie sich in Europa Helden mit frei herabwallenden Haaren in die Schlacht begaben; oder vielleicht gar ihm einen solchen Stich mit seiner Erklärung verehrt haben,[1] worauf der ratlose chinesische Künstler die Schwierigkeit dadurch zu lösen suchte, dass er einfach Kopf und Brust des europäischen Helden kopierte und dem Leibe die der Zeit des Ti Ts'ing (11. Jahrhundert) entsprechende chinesische Uniform gab.

Wenn es keinem Zweifel unterliegt, dass die chinesische Kunst seit Jahrhunderten als die Nährmutter der japanischen zu betrachten ist,[2] so ist es doch nicht ausgeschlossen, dass umgekehrt auch China von Japan her gewisse Anregungen erhalten hat. Dies ist vermutlich nicht der Fall, wo es sich um Erzeugnisse der eigentichen Malerei handelt; wenigstens bin ich bei meiner Durchmusterung der einschlägigen Literatur nirgends auf eine Stelle gestossen, die einen solchen Einfluss andeutet; ebenso wenig aber, glaube ich, wird man die Merkmale japanischen Geistes in den uns zugänglichen Denkmälern der chinesischen Malerei entdecken. Dagegen gehört in ihrer Technik zu den japanischen Anregungen die Malerei mit farbigem Lack, besonders Goldlack. Der erste Anstoss

---

[1] Es scheint mir nicht ausgeschlossen zu sein, dass der Zufall uns noch das Urmodell zu diesem Kopfe in die Hände spielt, um das zu bestätigen, was ich jetzt nur vermutungsweise andeuten kann.

[2] Gonse, l'Art Japonais, Tome I p. 168 ff.; Anderson, The Pictorial Arts of Japan, passim.

Fremde Einflüsse in der chinesischen Kunst.

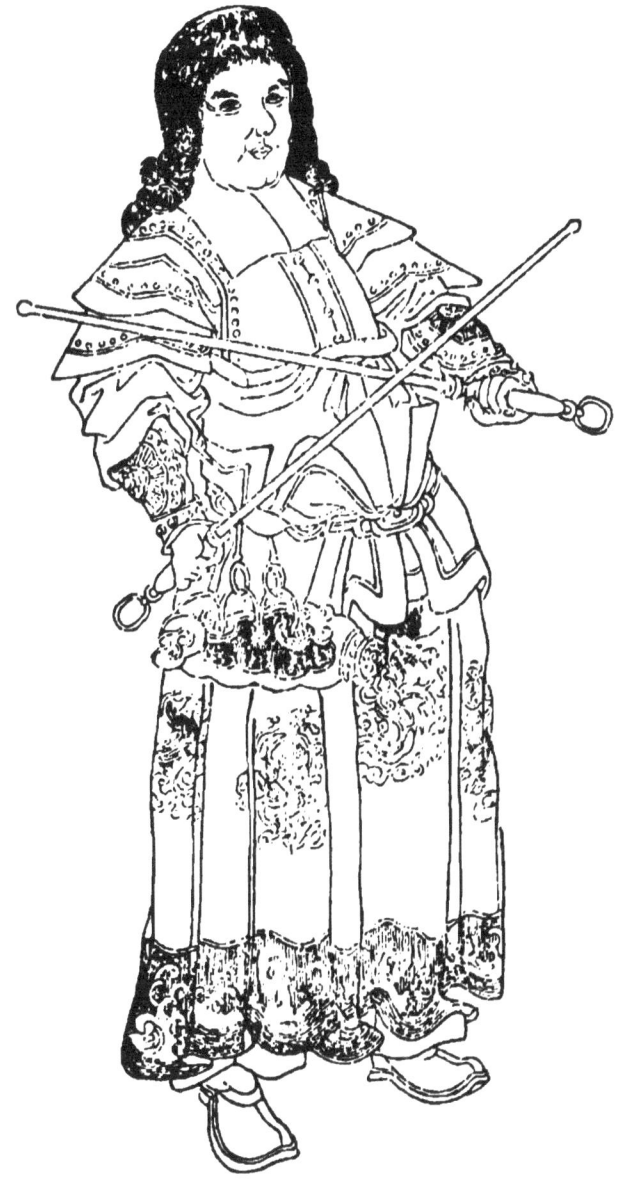

Fig. 18.
Bildnis des Helden Ti-ts'ing (11. Jahrh.). Aus der Holzschnitt-Serie Wan-siau-t'ang Hua-tschuan von Schang-kuan Tschóu (erschien 1743).

zur Einführung dieses Industriezweiges wurde durch eine Gesandtschaft gegeben, die der japanische Hof zur Zeit des Kaisers Süan-tö (1426—36) mit reichen Geschenken an den chinesischen schickte. Die darunter befindlichen Lackarbeiten imponierten den Chinesen in Peking, und es entstand der Wunsch, sie im eigenen Lande herzustellen. Dies führte zur Ausrüstung einer Expedition von Fachleuten, die in Japan die feinere Lackindustrie studierten, um sie in China zu verbreiten.[1]) Noch in demselben Jahrhundert findet sich unter den chinesischen Maler-Biographien[2]) der Name eines Künstlers, Yang Hüan, der es verstand, farbigen Lack auf Gegenstände aller Art, wie Wandschirme und sonstige Hausgeräthe, in Gestalt von Gemälden aufzutragen, auch mit Goldlack Inschriften und Zeichnungen auszuführen. Als Gegenstand seiner Lackmalereien werden Landschaften, Scenen aus dem Leben, Blumen und Vögel genannt. „Seine Zeichnungen", sagt der Biograph, „waren mit solchem Geschick ausgeführt, dass kein Maler sie auf Papier oder Seide hätte besser machen können." Yang Hüan gilt für den Erfinder dieser höheren Lackmalerei in China, dass aber japanische Einflüsse dabei mitreden, muss jedem einleuchten, dem die Coincidenz jener beiden Thatsachen klar wird, nämlich unter Süan-tö (1426—36) die Einführung der Technik direkt aus Japan durch chinesische Arbeiter und unmittelbar darauf das Auftreten eines einheimischen Spezialisten auf chinesischem Boden. China braucht sich dieser Entlehnung nicht zu schämen; denn es hat Japan gegenüber unendlich viel mehr gegeben, als es genommen hat.

Solcher Anregungen von Seiten Japan's lassen sich mehrere im kleinen Kunstgewerbe nachweisen; öfter noch mögen sie vorhanden gewesen sein, ohne dass in der uns jetzt vorliegenden Literatur besonders darauf verwiesen wird;

---

[1]) S. die Encyclopädie Ts'i-siu-leï-k'au, Kap. 46 p. 8.
[2]) T'u-hui-pau-kién, in der auf die gegenwärtige Dynastie fortgeführten Ausgabe in acht Büchern, Kap. 6 p. 9. Vgl. Hua-jön-sing-schï-lu, Kap. 16 p. 8.

allein die grosse Kunst als Kulturelement ist in China von Japan her nur wenig beeinflusst worden. Wir lesen von Malern verschiedener Nationen, die sich in China niedergelassen hatten; im frühen Mittelalter trugen Indier und Zentralasiaten ihre heimische Richtung in das aufblühende chinesische Kunstleben, wo das fremde Element sich schnell assimilierte; aber nirgends bin ich auf einen bedeutenden japanischen Maler gestossen, der in China sein Brod verdient hätte, während umgekehrt chinesische Künstler des Oefteren ehrenvollen Rufen nach Japan gefolgt sind.

Unter den von Japan zur Zeit der Ming eingeführten Industrien wird in der gegen das Ende der Dynastie entstandenen Encyclopädie, der ich die den Lack betreffenden Thatsachen verdanke, eine Reihe kleiner Fertigkeiten erwähnt, für deren genaue Beschreibung ich in Ermangelung technischer Kenntnisse keine Verantwortung übernehmen möchte.[1]

Auch von anderen Seiten her ist die chinesische Industrie sicher beeinflusst worden, worüber uns noch mancherlei

---

[1] Die für die Kunstindustrie nicht unwichtige Stelle des Tsʼi-siu-leï-kʼau (l. c.) sagt u. A.: „Blattgold, farbiger Lack und die Farbe pʼiau-hia (Dunkel-rot?) wurden von [chinesischen] Arbeitern eingeführt, die unter dem Kaiser Süan-tö nach Japan geschickt wurden, um ihre Anwendung zu erlernen. Der Fächer zum Falten wurde auf Befehl des Hofes in China nachgeahmt, nachdem solche Fächer als Tribut von Korea eingeschickt worden waren [nach San-tsʼai-tʼu-hui, Abt. Kʼi-yung, Kap. 12 p. 42, unter Yung-lo, 1403—25. In Süd-China wurde der Falte-Fächer anfangs nur von Prostituierten (ki-nü) geführt, da ehrbare Frauen den runden Fächer vorzogen. Erst am Ende des 16. Jahrhunderts eroberte sich der Falte-Fächer die bessere Damenwelt, was nach Ansicht des Verfassers der zitierten Encyclopädie auf rapiden Verfall der Sitten deutet]. Das Geheimnis Maler-Gold und Sprenkel-Gold zu verwenden wurde seiner Zeit den in Ningpo einer japanischen Mission attachierten Sachverständigen im Laufe der Unterhaltung entlockt; dennoch verstehen wir uns auf das Sprenkelgold noch nicht so gut wie die Japaner. Die „weichen Wandschirme" wurden unter Hung-tschī (1488—1506) als Tributgeschenk von Japan nach Hang-tschóu gebracht und von den Bewohnern dieser Stadt mit Erfolg nachgemacht."

Enthüllungen bevorstehen. Unverkennbar sind solche Einflüsse bei gewissen Gefässformen. Die persische Kanne[1]) wurde nicht erst in der Mongolenzeit eingeführt, wie man aus Paléologue's interessanter Besprechung einiger exotischer Bronzeformen (p. 70 ff.) schliessen könnte; vielmehr wird für ihr erstes Erscheinen als Weinbehälter bei Tischgelagen, zu welchem Zwecke bis dahin Weinurne (tsun) und Cyathus (schau) dienten, das Jahr 806 n. Chr. angegeben.[2]) Auch für die Breitflasche (chin. pién-hu), von der sich ein in Porzellan ausgeführtes Exemplar bei Paléologue[3]) als dem späteren mohammedanischen Verkehr entstammend abgebildet findet, muss ich sehr viel früheres Vorkommen auf chinesischem Boden feststellen. Diese bei englischen Sammlern als „Pilgrims' Bottles" wohlbekannten Gefässe werden in Ssï-tsch'uan noch jetzt als Thonwaare angefertigt, um wie unsere Jagdflasche, an einer Schnur über der Schulter aufgehängt und mit Samschu angefüllt, den Wanderer auf seiner Fussreise zu begleiten. Aus feinem Porzellan gefertigt, dienen sie wohl nur als Ornament, weshalb auch meist ihre Grösse sich mit den Zwecken einer Schnapsflasche nicht verträgt. Das Urmuster aber findet sich als Ritualgefäss aus Bronze unter den Hu genannten Vasen, der Dynastie Han im Po-ku-t'u-lu (Kap. 13 pp. 12 u. 13) abgebildet. Da sich jedoch Aehnliches schon unter den babylonischen Altertümern findet,[4]) so ist fremde Beeinflussung selbst zu jener Zeit nicht ausgeschlossen.

---

[1]) Vgl. die Abb. Buire de bronze doré, bei Paléologue, p. 79.

[2]) San-ts'ai-t'u-hui, l. c., p. 15, wo unter dem chinesischen Namen tschu-tzï ein nicht zu verkennendes Gefäss dieser Art abgebildet ist.

[3]) Gourde plate, décorée en bleu sous couverte, p. 215; vgl. p. 74.

[4]) S. Rawlinson, The Five Great-Monarchies of the Ancient Eastern World, 4. Aufl., Vol. II, p. 569.

Anhang.

Chronologische Reihenfolge
einiger für die chinesische Kunstgeschichte wichtiger Thatsachen.

Vor Chr.

Urzeit: Hohe Blüthe der Bronze-Industrie; stilisirte Behandlung der Naturmodelle.

138 Der General Tschang Kién tritt eine Gesandtschaftsreise nach dem Westen an, um das ausgewanderte Volk der Ta-yüé-tschï (Indoskythen) zu suchen in der Hoffnung, es zur gemeinsamen Bekämpfung der Hiung-nu, des alten Erzfeindes der Chinesen, zu überreden. Tschang K'ién erreicht nach zehnjähriger Gefangenschaft bei den Hiung-nu

128 das Land Ta-yüan (Fergbana). Von da begiebt er sich an den Hof der Ta-yüé-tschï in der Gegend von Bokhara, wo er ein Jahr zubringt und von wo aus er das Gebiet von Ta-hia (Baktrien) besucht. Auf der Heimreise den Nordabhang des Nan-schan (über Khoten, Keria, Tschertschen, u. s. w.) entlang geräth er abermals in die Gefangenschaft der Hiung-nu und kehrt

126 nach China zurück, wo er dem Kaiser einen Bericht über die bis dahin den Chinesen gänzlich unbekannten baktrischen Grenzländer vorlegt. Da die Ta-yüé-tschï als Beherrscher reicher Länder in Transoxanien sich nicht bewogen gefühlt hatten, ihre alten Feinde, die Hiung-nu zu bekriegen, so galt der politische Plan der Tschang K'iénschen Gesandtschaft als gescheitert. Man versucht es nunmehr mit dem den Chinesen nicht unsympathischen Volke der Wu-sun, dessen Gebiet im Osten an Ta-yüan (Ferghana) grenzte. Zu diesem Zwecke wird

115 Tschang K'ién zum zweiten Mal nach dem Westen geschickt, wo er mit dem Könige der Wu-sun wegen der Bekämpfung der Hiung-nu verhandeln sollte. Er entsendet von

vor Chr.
dort aus Unter-Gesandte in die baktrischen Gebiete, die nach dem im Jahre

114 erfolgten Tode des Tschang K'ién

113 in Begleitung von Eingeborenen jener Länder nach China zurückkehren.

108 erfolgt die Unterwerfung der den Verkehr hindernden kleinen Völkerschaften im Tarim-Becken, wodurch auf längere Zeit ungehinderter Verkehr zwischen China und den baktrischen Grenzgebieten ermöglicht wird. Der Kaiser Wu-ti war ein grosser Pferdefreund und legte grossen Werth auf den Besitz edler turkomanischer Rassen, die der Fürst von Ta-yüan (Ferghana) in einer Stadt seines Gebietes namens Ïr-schï (vermuthlich dem heutigen Uratube entsprechend) versteckt hielt. Chinesische Abgesandte, die, mit reichen Geschenken versehen, nach Ta-yüan gekommen waren, um Rassepferde in Empfang zu nehmen, sahen sich in ihren Plänen getäuscht, wurden in einen Hinterhalt gelockt und ermordet. Dies führte zu dem berühmten Feldzug gegen Ta-yüan, der Iliade der chinesischen Geschichte.

104 wird Li Kuang-li, wegen seiner bevorstehenden Mission im Voraus mit dem Ehrentitel „General von Ïr-schï" belehnt, gegen Ta-yüan geschickt, um den Eintausch der Pferde von Ïr-schï zu erzwingen und den Mord der chinesischen Gesandten zu rächen, kehrt aber nach zwei Jahren nach dem Verlust des grössten Theils seiner Armee zurück, ohne Ta-yüan erreicht zu haben. Der Kaiser verbietet den Mitgliedern der unglücklichen Armee bei Todesstrafe die Landesgrenze zu überschreiten und befiehlt dem Feldherrn, unter der Grenzbevölkerung ein neues Heer anzuwerben, mit dem er den ursprünglichen Befehl ausführen solle. Diesmal zieht

101 Li Kuang-li mit 60,000 Grenz-Rekruten, einer genügenden Anzahl Proviant-Trägern, 100,000 Rindern, 30,000 Pferden, Schaaren von Eseln und Kamelen und dem nöthigen Proviant und Kriegsmaterial gegen Ta-yüan, das er mit 30,000 Mann erreicht. Durch das Abschneiden der Wasserzufuhr zwingt er die Hauptstadt nach 40 tägiger Belagerung zur Capitulation. Mit diesem Ereigniss sind die Beziehungen Ta-yüan's mit China auf lange Zeit gesichert. Ta-yüan und die Staaten des Tarim-Beckens stehen seit-

vor Chr.
dem in einer Art Schutzverhältniss zu China, sodass Strabo mit Recht die Grenze der Serer mit der von Baktrien zusammenstossen lässt.

100—86 Nachdem der Kaiser Wu-ti den Verkehr durch das Tarim-Becken durch Feldzüge und Verträge organisirt hat, werden weitere Gesandtschaften bis zu den Ländern An-si (Parthien), Yen-ts'ai (Aorsi), Li-kan (Syrien?), T'iau-tschï (Chaldäa) und Schön-tu (Nord-Indien) geschickt, und bei der grossen Vorliebe, die der Kaiser für die turkomanischen Rassepferde hegt, sind nun stets Gesandtschaften unterwegs, von denen die grösseren mehrere hundert, die kleineren bis zu hundert Mitgliedern zählen, so lange man bei der Ueberbringung von Geschenken die Zeit des Tschang K'ién zum Muster nimmt; später wird der Verkehr mehr gewohnheitsmässig, sodass kleinere Karawanen genügen. Solcher Karawanen schickte China etwa 5 bis 10 im Jahre, die erst nach mehreren Jahren, bei fernen Zielen oft erst nach 9 Jahren vom Auslande heimzukehren pflegten. Ueber zehn solcher Gesandtschaften waren beauftragt, in den westlich von Ta-yüan gelegenen Gebieten (Baktrien, Parthien. u. s. w.) nach Curiositäten zu suchen. Durch eine dieser Gesandtschaften wurde mit einer Sendung von Rassepferden auch das Material zur Anpflanzung von Weingärten und Luzerner-Klee (Medicago sativa) nach China gebracht, die bei den kaiserlichen Eremitagen und Kemnaten von Tschang-an-fu zu sehen waren. Dies ist vermuthlich die Zeit, in der die Muster zu den in den alten chinesischen Museen aufbewahrten Traubenspiegeln nach China gebracht wurden und in der sich in Folge der von Westen her wirkenden Anregung zuerst ein bedeutender Wandel im Kunstgeschmack der Chinesen äusserte. Grosse Thätigkeit im Hof-Institut Schang-fang, wo metallene Kunstgegenstände aller Art angefertigt werden. Naturalistische Behandlung aller der Natur entlehnter Modelle.

Nach Chr.

61 Der Kaiser Ming-ti wird durch einen Traum auf die buddhistische Religion in Indien aufmerksam gemacht und beschliesst, sie in China einzuführen.

67 Chinesische Abgesandte kommen aus Indien mit buddhistischen Götzen, Gemälden und Schriften nach China zurück.

nach Chr.

89—105 Mehrere Gesandtschaften kommen aus Indien über Land nach China. Das Tarim-Becken wird darauf längere Zeit ungangbar.

97 Der chinesische General Pan Tsch'au schickt einen Abgesandten namens Kan Ying nach dem Westen, um das Land Ta-ts'in (den römischen Orient) zu besuchen. Derselbe wird von parthischen Seeleuten in T'iau-tschï (Chaldäa) zur Umkehr überredet. (S. mein China and the Roman Orient, passim.)

120 Musikanten und Gaukler aus dem Lande Ta-ts'in (Syrien? Aegypten?), vermuthlich über Indien oder Ceylon kommend, werden von einem Fürsten der Schan-Staaten durch das heutige Yünnan an den chinesischen Hof geschickt. (China and the Roman Orient, p. 37.)

ca. 100—150 Kunstvolle Steinsculpturen auf den Steinplatten des Hügels Hiau-t'ang-schan[1]) und in den Grabkammern am Wu-tschï-schan (Provinz Schan-tung). Dieselben sind von einigen europäischen Kritikern als unter fremden Einflüssen entstanden erklärt worden; doch wird von Éd. Chavannes (p. XXIX) betont, dass diese Art Kunst schon unter dem Kaiser King-ti (156—140 v. Chr.), also vor den westasiatischen Beziehungen der Chinesen, gepflegt wurde. So lange uns jedoch die älteren, d. h. die vor dem 2. Jahrh. nach Chr. entstandenen Sculpturen nur durch Literatur-Nachweise bekannt sind, lässt sich über den darin zum Ausdruck gebrachten Stil nicht viel sagen. S. Chavannes, La sculpture sur pierre en Chine, p. XXIV ff.

159 u. 161 Erste Tribut-Gesandtschaften von Indien zur See über Jih-nan (Annam; Kattigara?).

166 Erste sogenannte Gesandtschaft vom Lande Ta-ts'in (dem römischen Orient) zur See über Jih-nan (Annam, Kattigara?).

238 Ts'au Pu-hing, der erste grosse Maler des Alterthums, malt das Bild eines Drachen von solcher Naturtreue, dass sein Anblick noch nach hundert Jahren die Naturelemente entfesssselt.

---

[1]) Diese Sculpturen werden vermuthlich mit Unrecht dem 2. Jahrh. vor Chr. zugeschrieben (vgl. Paléologue, p. 132). Chavannes, der sie aus eigener Anschauung kennt, versetzt ihre Entstehung in den Anfang des 2. Jahrh. nach Chr. (La sculpture en pierre, etc., Introd. XXII f.).

Fremde Einflüsse in der chinesischen Kunst. 71

nach Chr.
ca. 300 Weï Hió, ein Schüler des Ts'au Pu-hing, malt ein Buddhabild, die Sapta-Buddha darstellend.

335 Der indische Bonze Buddojanga bewegt den Fürsten von Tschau, dem Volke die Annahme buddhistischer Gelübde zu gestatten. Verbreitung der indischen Religion unter dem chinesischen Volke. (Edkins, Chinese Buddhism, p. 89.)

4. Jahrh. Tai Lu, Musiker, Maler und Bildner, betreibt als erster chinesischer Künstler die Herstellung von Buddhabildern durch Bronzeguss und Holzschnitzerei und malt buddhistische Heilige. Sein Sohn Tai-yung (Mitte des 5. Jahrh.) tritt in seine Fusstapfen.

414 Der chinesische Bonze Fa Ilién kommt von einer 15 jährigen Reise durch Centralasien nach Indien auf dem Seewege nach China zurück.

424—454 Der Kaiser Wön-ti von der Dynastie Sung im südlichen China, ein eifriger Buddhist, trägt viel zur Verbreitung des Buddhismus im Volke bei. Gründung zahlreicher Klöster, die in der Folge Pflegestätten der religiösen Malerei werden. Die Darstellung buddhistischer Sujets wird häufiger unter den Malern.

520 Der indische Patriarch Bodhidharma kommt aus Indien zur See nach China.

527 Der Kaiser Wu-ti von der Dynastie Liang tritt in ein buddhistisches Kloster ein. Unter diesem Kaiser wirkt der grösste Maler des Jahrhunderts Tschang Söng-yu (bei den Japanern: Tschösöyu), der mit dem gelehrten Ku Kaitschï (4. Jahrh.) und Lu T'an-weï (Mitte des 5. Jahrh.) als Haupt-Klassiker der Kunst im Alterthum gilt. Er malte eine Reihe berühmter buddhistischer Wandgemälde.

552 Der Kaiser Yüan-ti von der Dynastie Liang besteigt den Thron, ein grosser Kunstmäcen und Maler einer Serie von Darstellungen fremder Völkertypen.

6. Jahrh. Herausgabe des Ting-lu, einer Beschreibung alter Opfer-Urnen.
Ts'au Tschung-ta, aus dem Lande Ts'au (Kabúlistan?) gebürtig, lebt in China als Maler buddhistischer Gegenstände.
Tung Po-jön, aus Annam gebürtig, lebt als Maler in China.

605—617 Der Kaiser Yang-ti zieht hervorragende Geister

nach Chr.
aller Nationen an seinen Hof, darunter die indischen Maler Kabôdha und Dharma Kukscha, sowie den Khotener Weï-tschï Badschna.

632 Im Lande Khoten, nahe der Nordgrenze von Indien, lebt ein kunstsinniger Fürst namens Weï-tschï Wu-mi. Derselbe schickt den hochbegabten Sohn des Malers Badschna, Weï-tschï I-söng, mit Empfehlungen an den chinesischen Hof. I-söng wird zum Gründer einer Schule buddhistisch-religiöser Richtung mit eigenartiger, von der chinesischen abweichender Manier, die in der Folge nach Korea verpflanzt wird, von wo sie vermuthlich ihren Weg nach Japan gefunden hat.

639 Der Kunsthistoriker P'eï Hiau-yüan veröffentlicht einen Katalog der seiner Zeit in den verschiedenen öffentlichen und privaten Sammlungen zerstreuten Gemälde.

645 Der chinesische Bonze Hüan Tschuang kehrt nach seiner berühmten 17 jährigen Reise durch Centralasien nach Indien in die Heimath zurück.

ca. 650 Die Brüder Yen Li-tö und Yen Li-pön, von denen der letztere für den ersten Coloristen seiner Zeit gehalten wird, beschäftigen sich mit der Darstellung fremder Völkertypen.

651—716 Li Ssï-sün, ein Verwandter des Kaiserhauses der T'ang, wird als erster Landschaftsmaler dieser Dynastie zum Gründer der coloristischen Richtung, die als „nördliche Schule" (peï-tsung) der später entstandenen südlichen (nan-tsung) gegenüber gestellt wird. Er kultivirt zuerst das von späteren Malern vielfach nachgeahmte goldgrüne Colorit (kin-pi).

699—759 Wang Weï, berühmter Dichter und Maler, Gründer der „südlichen Schule" (nan-tsung), die durch Bevorzugung der Schwarz-weiss-Malerei als „Malerei der Literaturleute" (wön-jön-tschï-hua) Vervollkommnung im Zeichnen mit Tusche bezweckte und bis in die Neuzeit hinein die gebildete Welt in China und Japan beherrscht hat. Die ersten Maler aller nachfolgenden Dynastien haben sich an den Werken des Wang Weï gebildet.

8. Jahrh. Die Maler Ts'au Pa und Han Kan bringen es in der Zeichnung des Pferdes zu hoher Vollkommenheit.

Der Maler Tschóu Fang malt Bilder exotischen Inhalts.

841 Der grosse Kunsthistoriker Tschang Yen-yüan schliesst

nach Chr.
mit diesem Jahre seine Geschichte der Malerei im Alterthum (Li-tai-ming-hua-ki) ab.
923—936 Die tartarischen Maler Hu Huan, Hu Kién u. A. beschäftigen sich mit Darstellungen tartarischer Volkstypen. Der Maler Wang Schang malt Bilder exotischen Inhalts.
976—984 Reisende japanische Bonzen widmen dem chinesischen Hofe japanische Gemälde.
1032 Tschau Yüan-hau, Fürst der Tanguten, ist ausübender Künstler.
1086—1094 Herausgabe des K'au-ku-t'u, einer illustrirten Beschreibung alter Bronze- und Nephrit-Gefässe.
12. Jahrh. Koreanische Künstler zeichnen sich im Malen hölzerner Fächer aus.

Buddhistische Götzenbilder werden im Kloster Nâlanda in Nord-Indien (für den chinesischen Markt?) angefertigt. Die Indier besitzen eine Technik, die in China anerkannt, aber nicht verstanden wird.

Der Akademiker Schau Po, ein grosser Kunstmäcen in Szï-tsch'uan, lässt Buddhabilder durch zugereiste indische Bonzen malen.

1101—1126 Regierungszeit des Kaisers Hui-tsung; das mediceïsche Zeitalter der Malerei und die Blüthezeit der Museologie in China.
1107—1111 Herausgabe wichtiger kunsthistorischer Werke, darunter das Süan-ho-hua-p'u als Katalog der Gemäldegallerie und das Po-ku-t'u-lu. Blüthezeit des Kunsthistorikers Wang Fu.
13. Jahrh. Der chinesische Maler Tschau Möng-fu, u. A. hervorragend in der Darstellung des Pferdes, steht in grosser Gunst am Hofe der mongolischen Kaiser.

Ueberhaupt wird chinesische Kunst von den mongolischen Herrschern vorzugsweise gepflegt. Hervorragende chinesische Maler dieser Zeit: Ts'ién Schun-kü, Huang Tzï-kiu, Wang Su-ming, I Tschuan und Wu Tschung-kui. Die Mongolenherrschaft befördert den Verkehr zwischen China und Persien, was mehr auf dem Gebiete der Kunstindustrie als dem der Malerei empfunden wird.

Centralasiatische Kunst wird in Turfan und Tibet gepflegt. Koreanische Maler pflegen die buddhistische Kunst nach dem Vorbild des Khoteners Weï-tschï I-sŏng.

nach Chr.
1403—1425 Bemalte Fächer zum Falten werden nach koreanischen Mustern für den Hof hergestellt. Das Arbeiten mit Maler- und Sprenkelgold wird von japanischen Technikern in Ningpo erlernt.
1426—1436 Einführung der höheren Lack-Technik aus Japan; darauf Auftreten des ersten Lackmalers besseren Stils, namens Yang Hüan.
Ende des 16. Jahrh. Der Falte-Fächer mit Gemälden, der Anfangs nur bei Prostituirten in Gebrauch war, wird allgemein Mode.
1699 Die Jesuiten PP. Gherardini und Belleville kommen in Peking an, um als Maler in China zu wirken. Ihre Lehren bleiben nicht ganz ohne Einfluss bei dem Maler und Holzschneider Tsiau Ping-tschōn und dessen Schüler Löng Meï.
1675—1715 Blüthezeit der „vier Wang", d. i. der grössten Landschaftsmaler der gegenwärtigen Dynastie Wang Schï-min, Wang Kién, Wang Hui und Wang Yüan-k'i.
1705. Ernennung einer Kommission für die Veröffentlichung eines umfassenden Werkes über Malerei und Schönschreibekunst, des P'eï-wön-tschai Schu-hua-p'u.
1743 Herausgabe des Tschu-tschuang hua-tschuan, einer Serie von Porträt-Holzschnitten von Schang-kuan Tschóu.
1749 Herausgabe des Si-ts'ing-ku-kién.
1822 Herausgabe des Inschriften-Werkes Kin-schï-so, worin alte Steinsculpturen sowie die metallenen Kunstschätze in den confucianischen Museen in K'ü-fóu (Provinz Schantung) beschrieben werden.

Index.

[Römische Zahlen beziehen sich auf das Vorwort.]

Annam, Heimat des Malers Tung Po-jön 33.
Apollodorus v. Artamita 25, Anm. 1.
Araber und Perser beeinflussen mehr die Kunstindustrie als die Malerei 53.
Attiret, Pater 55, Anm. 1; 60.
Bacchus, s. Dionysos.
Badschna, s. Weï-tschï Pa-tschï-na.
Baktrien XIV f.; 22; 23; 24.
Balkh, s. T'u-huo-lo.
Beal, S. 37, Anm. 2.
Belleville, Pater 54; 56, Anm. 2.
Biene, die, als Metallspiegel-Ornament 27.
Blattgold, unter Süan-tö (1426—36) aus Japan eingeführt, 65, Anm.
Bock, der, Attribut des Dionysos als Metallspiegel-Ornament 27.
Bouvet, Pater, reist nach Europa, um Missionäre als Lehrer der Kunst anzuwerben 54.
Breitflasche zur Zeit der Han bekannt 66.
Bronzegefässe, älteste 3—9; 66.
Brosset, M. 18.
Brunnhofer, H. 24.
Buddha-Statuen anfangs aus Indien bezogen 32.
Buddha-Tope, alte, bei Peschawer 30.

Buddhismus, 30 ff.; 71; Zeit seiner Einführung in China 30—32; nicht in der Samarkander Gegend zu suchen 33; in Khoten und T'u-huo-lo 36—37.
Buddhistische Kunst 32 ff: 71.
Bushell, Dr. S. W. 39.
Çâkya Buddha, Maler, s. Kabödha.
Castiglione, Pater 55, Anm. 1; 60.
Chavannes, Éd. X, Anm. 1; XIII; 7; 11; 18; 29; 70.
Cunningham, Alex. 32, Anm.
De Guignes 18—20.
Dharma Kukscha, indisch. Maler 34.
Dionysos-Kultus in Baktrien? 25; vielleicht mit eranischem Haoma-Kultus verschmolzen 26; Attribute auf chinesischen Metallspiegeln 26—28.
Drache 10.
Eisenguss, für Ferghana charakteristisch (vgl. v. Kremer, Culturgeschichte des Orients, II p. 283), von chinesischen Technikern gelehrt, XIV.
Elster, die, als Metallspiegel-Ornament 27.
Emailmalerei 53.
Epochen der ältesten Kunst 1.
Etymologien: chinesisch ying-yü, angúk = pers. angur, die Traube

17; chin. si-kua = griech. σικύη, die Wassermelone 17; chin. ï-schï = āsch, açpa, Pferd? 21; chin. tu-yüan = τουριούαν? 24; chin. p'u-t'au = griech. βότρυς 28; chin. hai-ma = erân. Haoma?? 28.

Europäische Einflüsse in der chinesischen Malerei 54—62; von geringem Erfolg 55, 60; verderben die chinesische Kunst 60.

Fächer, alt-koreanische 50; unter Yung-lo (1403 25) in China eingeführt 65, Anm.; alt-japanische, bemalte 50—51.

Fächer zum Falten, unter Yung-lo (1403 -25) aus Korea eingeführt, erst seit Ende des 16. Jahrhunderts im allgemeinen Gebrauch 65, Anm. 1.

Fang Tsung-tschön, Maler fremder Völkertypen 50.

Ferghana, s. Ta-yüan; Eisenguss.

Föng Yün-p'öng, Archäolog 7.

Franke, Dr. O., III; IV; V; XII.

Fremde Gegenstände auf chinesischen Gemälden 35; 40; 41; 48—50.

Fu-lin (Syrien) 35; 50; ältestes Vorkommen des Ausdrucks 35, Anmerk. 1.

Gherardini, Pater 54; 56, Anm. 2.

Gold, s., Malergold; Sprenkelgold; Goldlack.

Goldlack, Malerei mit; Technik aus Japan eingeführt 64.

Gouse, L., 45; 46; 62, Anm. 2.

Hai-ma 13—15; vielleicht erânisch haoma 28.

Han Kan, berühmter Pferdemaler 10.

Haoma-Kultus in Baktrien 26.

Hiang Tzĭ-king, Künstler u. Sammler des 16. Jahrhunderts 39.

Hiung-nu, kunstloses Nachbarvolk der Chinesen im Altertum 11.

Hiu-sün, das Land, nach von Richthofen 18; seine wirkliche Lage 19—20.

Holzschnitte 56—63.

Hu Huan, tartarischer Maler 48.

Hu K'ién, tartarischer Maler 48.

Hua-ki, Geschichte der Malerei von 1074—1167, — 50.

Hüan Tschuang, buddhistischer Reisender im Anfang des 7. Jahrhunderts 33; 37; 72.

Hüan-tsung, Kaiser 22.

Huang Tzĭ-kiu, Maler 52.

Hui-tsung, Kaiser; Gründer bedeutender Museen 5; 38, Anm. 1; 39; 40; 50.

i, der Ausdruck, „Geschicklichkeit", „Handwerk", „Kunst", umfasst u. a. auch die Malerei 37, Anm. 2; ausschliesslich in diesem Sinne gebraucht im T'u-hua-kién-wön-tsch'ï, einer der Malerei gewidmeten Kunstgeschichte für die Periode 841 bis 1074 n. Chr.; das chinesische i steht daher, wie unser „Kunst", für „Malerei" als „Kunst im engeren Sinne".

Indien: unterhält keinen Verkehr mit China vor dem 2. Jahrhundert vor Chr. 11.

Indische Einflüsse auf die chinesische Kunst 32—43; 50—52; in Japan 43—47.

Indische Kunst in Khoten 42.

Indische Malerei im Kloster Nâlanda 51.

Indische Züge in der Kunst von Japan und Korea 45—47.

Indra, vielleicht als T'ién-wang oder „Himmelsfürst" abgebildet 38.

Indoskythen 11; 30—32; 67.
Ïr-schï, Stadt im Lande Ta-yüan,
= Usruschna, Uratube. S. Éd.
Chavannes, Les Mémoires historiques de Se-ma Ts'ien,
I, Introduction, p. LXXV, Anmerkung 1, wo sich die Stelle
T'ang-schu, Kap. 21 B, p. 2,
auf die sich diese Identifikation
gründet, abgedruckt findet; 91; 68.
I-söng, s. Weï-tschï I-söng.
l Tschuan, Maler 52.
Japan, im Altertum 11; Genealogie der ältesten Malerei in,
43—47; Gemälde aus, im 10. Jahrhundert in China gezeigt 44;
Bunt- und Schwarzweiss-Malerei
im 13. Jahrhundert 44; indischer
Charakter der ältesten Malerei
in, 46; bemalte Fächer aus, 50;
Anregungen aus, für die chinesische Kunstindustrie 62—65.
Jesuiten als Kunstlehrer 54—60.
Julien, St. 37, s. a. Hüan Tschuang.
Kabôdha, indischer Maler 34 - 35.
Kabûl, vermutliche Heimat des
Buddhamalers Ts'au Tschung-ta
33.
K'ang-bi, Kaiser 54.
Kataloge alter Gemälde - Sammlungen, s. P'eï Hiau-yüan u.
Süan-ho-hua-p'u.
K'au-ku-t'u, illustriertes Werk
über Kunstaltertümer 5.
Khoten, hervorragende Pflegestätte
des Buddhismus, vermutliche
Heimat der Maler Weï-tschï,
Vater und Sohn 35—43; als
Pflegestätte der Kunst 37; 42;
der Fürst von — Weï-tschï
Wu-mi schickt den Maler I-söng
nach China 38; 43; Ausgangspunkt der Malerschule des Weï-tschï I-söng, die sich über Korea
nach Japan verbreitete 43—47.
Khublai Khan 41; 52.
Kia-söng, s. Weï-tschï Kia-söng.
Kién-lung, Kaiser 55; 60.
Kidara, s. Ki-to-lo.
Ki-to-lo, = Kidara, indoskythischer Fürst 31.
Kin-pi, „das goldgrüne Kolorit" 44.
Kin-schï-so, illustriertes Werk
über Bronzen und Steinskulpturen 7; 13, Anm. 2; 17, Anm.
1; 27.
Kingsmill, T. W. 23; 28.
K'itan-Tartaren 48.
Köng-tschï-t'u, Holzschnitt-
Serie des Tsiau Ping-tschön 57;
Abbildung daraus 58—59.
Korea 11; im 14. Jahrhundert gerühmt wegen seiner Gemälde
der Göttin Kuan-yin 45; Malerei
in, auf das Vorbild des Weï-
tschï I-söng zurückgeführt 45;
Ausgangspunkt der japanischen
Kunst 45, 46; indischer Charakter
der Malerei in, 46, 47; bemalte
Fächer aus, 50; Fächer zum
Falten im 15. Jahrhundert aus
Korea eingeführt 65, Anm.
Kuan-yin, die buddhistische „Mutter
Gottes", von Weï-tschï I-söng
gemalt 39; Hauptgegenstand der
alten religiösen Malerei in Korea
45; in Japan 44.
K'ung, die Familie des Confucius, ältestes Adelsgeschlecht
der Welt; alte Bronzen in ihrem
Besitz 7.
Kunst, älteste, als Produkt spontaner Entwickelung 2—9.
Kunsthistoriker, chinesische, s.
P'eï Hiau-yüan;
Tschang Yen-yüan;

Tschu King-hüan;
Wang-Fu;
Töng Tsch'un;
Tschang K'ién-tö;
Föng Yün-p'öng.
Kunstindustrie, fremde Einflüsse in der, 53; 62—65.
Kuo-tschau-hua-schï, biographisches Handbuch für die Maler der gegenwärtigen Dynastie 56.
K'ü-fóu, Museum chinesischer Altertümer in, 7.
Küan-tu, Land am Tsung-ling 20.
de Lacouperie, T. 2; 17.
Lack, farbiger, s. Lackmalerei.
Lackmalerei, chinesische: Einführung der Technik aus Japan 64; 65.
Landschaftsmaler, die vier grössten, der Mongolenzeit 52; desgl. der jetzigen Dynastie 56. Anm. 2.
Lessing, J., XV, Anm.
Li Kuang-li, General 68.
Li Ssï-sün, Maler des 7. Jahrhunderts, Vertreter der nördlichen Schule 44, Anm. 2 u. 3; 72.
Li-tai-ming-hua-ki, s. Tschang Yen-yüan.
Li Tsun-hua, tartarischer Maler 49.
Löng Meï, Maler 55—57.
Löwe, der, als Metallspiegel-Ornament 14; 26.
Maler, chinesische, s.:
Ts'au Pu-hing;
Weï Hié;
Tai Lu;
Yüan-ti, Kaiser;
Yen Li-tö;
Yen Li-pön;
Li Ssï-sün;
Wang Weï;
Ts'au Pa;

Han Kan;
Tschóu Fang;
Fang Tsung-tschön;
Wang Schang;
Hui-tsung, Kaiser;
Tschau Möng-fu;
Ts'ién Schun-kü;
Huang Tzï-kiu;
Wang Su-ming;
I Tschuan;
Wu Tschung Kui;
Yang Hüan;
Hiang Tzï-king;
Wang Schï-min;
Wang Kién;
Wang Hui;
Wang Yüan-k'i;
Tsiau Ping-tschön;
Schön Yü;
Löng Meï;
Schang-kuan Tschóu.
Maler, chinesische, in Japan 65; indische, in China 34 ff.; 51.
Maler, fremde, in China, s.
Ts'au Tschung-ta (aus Kabul);
Tung Po-jön (aus Annam);
Kabödha } aus Indien;
Dharma Kukscha }
Weï-tschï Pa-tschï-na } aus
Weï-tschï I-söng } Khoten;
Hu Huan } aus der
Hu K'ién } K'itan-Tartarei;
Li Tsau-hua }
P. Gherardini }
P. Belleville } aus Europa;
P. Attiret }
P. Castiglione }
Malergold 65, Anm. 1.
Mayers, W. F. 13, Anm. 1; 38.
Menschliche Figuren fehlen auf den ältesten Bronzen 10.
Metallspiegel 12—30; Abbildungen, Figg. 2—16; Ornamentik der

Traubenspiegel 26—28; als Kunstform 29.
Ming-ti, Kaiser, führt den Buddhismus in China ein 30; 69.
Mo-lin-kū-schī 39.
Mongolenzeit, Kunstpflege während der, 52.
Münzfunde, begründen allein unsere Kenntnis der baktrischen Gebiete XIV, XV; 22.
Murghab, Thal des, 20.
Ornamentik, älteste 1—9; plötzlicher Umschwung in der — 9; bekannte Attribute des Dionysos als Ornamente auf chinesischen Metallspiegeln 26—27; nichtdionysische Ornamente 27—28; ornamentale Typen der Trauben-Spiegel vor Wu-ti in China unbekannt 28. S. a. Traube.
Osch, s. Usi.
Ostasiatische Kunst verträgt sich nicht mit europäisch. Technik 60.
Paléologue, M., l'Art Chinois. 1; 34, Anm. 1; 52; 54; 60; 61; 66.
Panther, der; Attribut des Dionysos, als Metallspiegel-Ornament 27.
Pegasus als Metallspiegel-Ornament 27.
P'eï Hiau-yüan, Verfasser des Tschöng-kuan-kung-ssï-hua-schī, eines Kataloges der öffentlichen und privaten Gemälde-Sammlungen in der Periode Tschöng-kuan (Vorrede v. J. 639) 33; 35.
P'eï-wön-tschai Schu-hua-p'u, s. Schu-hua-p'u.
Perser s. Araber u. Perser.
Persien übt nur geringen Einfluss auf die chinesische Malerei unter den Mongolen aus 53.

Persische Kanne, 806 n. Chr. in China eingeführt 66.
Perspektive, die Kenntnis von den Regeln der, durch europäische Missionäre vermittelt 57—60.
Peschawer, Stadt in Indien, = chin. Fu-lóu-scha und Pu-lu-scha 31.
Pfau, der, als Metallspiegel-Ornament 27; 28.
Pferdemaler, chinesische: Ts'au Tschung-ta 33; Ts'au Pa u. Han Kan 10; s. a. Tschau Möng-fu.
Pferderassen, turkomanische, unter Wu-ti aus dem Lande Ta-yüan bezogen 22; ihre Heimat 21.
Pferd, das, in der Kunst 10; 11; als Ornament auf alt-chinesischen Metallspiegeln 14; 27; 28.
Phoenix 10.
Pi-schu-schan-tschuang-t'u, Serie von Holzschnitten 56.
Pilgrims Bottle 66.
Po-ku-t'u-lu, Hauptquellenwerk über älteste Kunstgegenstände 5; im 12., nicht im 18. Jahrhundert verfasst 6; älteste bekannte Ausgabe vom Jahre 1308—12 auf der kgl. Bibliothek zu Berlin 7, Anm.; 13; 14; 15.
P'u-t'au, „Weintraube" 15; = griech. βότρυς 28.
Rémusat, A. 43, Anm. 2.
v. Richthofen, F., VIII—XII; 6; 18; 23; 30.
v. Sallet, A., XIV; XV.
Sampson, Th. 16, Anm. 2.
San-ts'ai-t'u-hui, illustrierte Encyklopädie, der Orbis pictus der Chinesen, vom Jahre 1607 65, Anm. 1; 66, Anm. 2.
Schang-fang, Hof-Institut zur Anfertigung von Waffen und Kunst-

geräten 12; 69; Metallspiegel aus dem, 12; 13; 29.

Schang-kuan Tschóu, Maler und Holzschneider 60—62; vgl. Illustration auf S. 63.

Schau, „Löffel", „Cyathus", 66.

Schau Po, Akademiker, beschäftigt indische Maler in Sstsch'uan 51.

Schï-ki, Geschichte China's in seinen ältesten Perioden von Ssï-ma Ts'ién 22, Anm. 1; übersetzt von Éd. Chavannes, s. Chavannes, Éd.

Schï Kia-fo-t'o, s. Kabôdha.

Schï-king, das „Buch der Lieder", einer der ältesten Texte der chinesischen Literatur 16, Anm. 2.

Schlegel, G., X, Anm. 1.

Schön Yü, Maler 56.

Schu-hua-p'u, Werk über Schönschreiberkunst und Malerei 56.

Schule, nördliche und südliche 44, Anm. 2 u. 3; 72.

Schwarz-weiss-Malerei 44; 47.

Si-ts'ing-ku-kién, illustrierte Beschreibung der Altertümer in den Sammlungen des Kaisers Kién-lung 6; 13; 14; 17; 27. Abbildungen daraus, Figg. 1—16.

Siuu-yüan, Land 23.

Sinologie, Ansichten über, III—XII.

Spiegel, F. 24, Anm. 2; 25, Anm. 2.

Sprenkelgold 65, Anm. 1.

Steinskulpturen 7; 11; 29; 70.

Strabo 24; 25, Anm. 1; 69.

Süan-ho, Bedeutung des Ausdrucks, in den Titeln der Kataloge des Hui-tsung 5.

Süan-ho-hua-p'u, Katalog der Gemälde-Galerie des Hui-tsung 5; 38; 39.

Süan-ho-schu-p'u, Katalog der Handschriften-Sammlung des Hui-tsung 5.

Süan-tö, Kaiser (1426—36), 64; 65, Anm.

Sui-schu, Annalen der Dynastie Sui (589—618 n. Chr.) 33, Anm. 1; 36.

Sung-schï, Annalen der Dynastie Sung (960—1278 n. Chr.) 51, Anm. 3.

Ssï-ma ts'ién, XIII; vgl. Schï-ki.

Szï-tsch'uan, Provinz 50; 51; 66.

Szï-Wang, die vier grossen Landschaftsmaler unter K'ang-hi 56, Anm. 2.

Ta, „gross", als Epitheton bei der Bildung von Ländernamen 23.

Ta-hia, = Tocharer oder Dahae 23.

Ta-schï, = Tadjik 23.

Ta-wan, s. Ta-yüan.

Ta-yüan, das Land, aus dem die Weintraube nach China gebracht wurde 16; 69; durch von Richthofen zu weit nach Westen verlegt 18; Kulturelemente aus —, in China eingeführt 22; 69; Versuche den Namen — zu erklären 23—25; als Grenzland von Baktrien 25; 67—69; Expeditionen nach den Nachbarstaaten XIII; 67—69; kannte weder Eisenguss noch Münzen XIV.

Tai Lu, Maler und Bildner, Verfertiger bronzener und hölzerner Buddhabilder 32.

Tan-mo küé-tscha, s. Dharma Kukscha.

T'ang-schu, Annalen der Dynastie T'ang 42; 43.

T'ang-tschau-ming-hua-lu, s. Tschu King-hüan.

Tanguten, Malerei bei den, 45.

Tartaren, Malerei bei den, 48, 49.
T'au-t'ié, Tierfratze auf alten Bronzen 8.
Ti Ts'ing, Heerführer († 1057 n. Chr.) 61; 62. Vgl. Abb. Fig. 18 auf S. 63.
Tibet, Malerei in, 15.
T'ién-wang, = „Himmelsfürst" 38.
Ting-lu, altes Werk über Opfer-Urnen 4.
Toba, Kaiserhaus 34.
Tocharestan, s. T'u-huo-lo.
Töng Tsch'un, Kunsthistoriker des 12. Jahrhunderts 50.
Tös, der Götze 33.
Tomaschek, Wilh. 21, Anm.
Τουρροίαρ, = Ta-yüan? 24.
Transscription fremder Namen im Chinesischen; Theorie betr. Laut-Scholien in alten Texten 24, Anm. 1.
Traube, als Metallspiegel-Ornament 16; 26; 28; ihre Einführung in China 16; 22; 69; als Gegenstand der Ornamentik von den Griechen bis nach Baktrien verbreitet 17; 25.
Trauben-Ornamentik, baktrisch-chinesische XIII—XV; 22—30; 69.
Ts'au, das Land 33.
Ts'au Pa, Pferdemaler 10.
Ts'au Pu-hing, Maler, 3. Jahrh. 32.
Ts'au Tschung-ta, Maler des 6. Jahrhunderts 32—33.
Ts'i-siu-leï-k'au, Encyklopädie der Dynastie Ming 64; 65.
Tsiau Ping-tschön, Direktor im astronomischen Institut, Maler und Holzschneider 56—60.
Ts'ién-han-schu, Annalen der älteren Han-Dynastie (206 v. Chr. bis 9 n. Chr.) XIV; 19; 22, Anm.
Ts'ién Schun-kü, Maler 52.

Ts'ing-ho-schu-hua-fang, kunsthistorisches Werk des 17. Jahrhunderts 39.
Ts'ö-fu-yüan-kui, Encyklopädie des 11. Jahrhunderts 42.
Tsun, Weinurne 66.
Tschang K'ién, General unter Wu-ti 16; 67—68.
Tschang K'ién-tö, Kunsthistoriker 39, Anm. 1.
Tschang Söng-yu, Maler, 6. Jahrhundert 38; 71.
Tschang Yen-yüan, Kunsthistoriker, Verfasser des Li-tai-ming-hua-ki, der ältesten umfassenden Geschichte der Malerei (bis 841 n. Chr.) 35.
Tschau Möng-fu, Maler aus der Mongolenzeit 10; 41; 52.
Tschau Yüan-hau, Kaiser der Tanguten, ausübender Künstler 15.
Tschöu Fang, Maler fremder Völkertypen 50.
Tschu King-hüan, Kunsthistoriker, Verfasser des T'ang-tschau-ming-hua-lu, einer Geschichte der Malerei zur Zeit der Dynastie T'ang (618—907), 35; 39; 42.
T'u-hui-pau-kién, Geschichte der chinesischen Malerei bis 1365, 43; 44; auf die gegenwärtige Dynastie fortgesetzt, 64, Anm. 2.
T'u-huo-lo, das Land, angebliche Heimat der Maler Weï-tschï, Vater und Sohn 35; Bevölkerung rauh und wenig intelligent 37.
Tung Po-jön, Maler des 6. Jahrhunderts 33.
Turfan, Malerei in, 44.
Tzï-ang, s. Tschau Möng-fu.
Usi, angebliche Hauptstadt des Landes Hiu-sün, aus einem Ueber-

setzungsfehler De Guignes' entstanden 19.
Usruschna, s. Ir-schï.
Vambéry, H. 83, Anm. 1.
Völkertypen, vgl. Fremde Gegenstände.
Wan-siau-t'ang Tschu-tschuang-hua-tschuan, Serie von Porträt-Holzschnitten (1743), 61.
Wandschirme, weiche [d. h. nicht spröde; vielleicht aus Zeug gefertigte, wenn nicht zusammenfaltbare], unter Hung-tschï (1488–1506) aus Japan eingeführt 65, Anm.
Wang, „die vier —", die grössten Landschaftsmaler unter K'ang-hi 66, Anm. 2.
Wang Fu, Kunsthistoriker 5.
Wang Hui, Maler 66.
Wang Kiën, Maler 66.
Wang Schang, Maler 50.
Wang Schï-min, Maler 66.
Wang-schóu-schöng-tien, illustriertes Werk des Kaisers K'ang-hi 66.
Wang Su-ming, Maler 52.
Wang Weï, Maler und Dichter des 7. Jahrhunderts, Gründer der südlichen Schule 44; 47; 72; sein Porträt von Schang-kuan Tschóu 61.
Wang Yüan-k'i, Maler 66.
Weï Hië, Maler des 3. Jahrh. 32.
Weï-schu, Annalen der Dynastie Weï (220–265 n. Chr.) 30, Anm. 2; 31.
Weï-tschï I-söng, Maler des 7. Jahrhunderts: seine vermutliche Herkunft 35; von seinem Landesfürsten nach China empfohlen 38; eines seiner Bilder noch im 16. Jahrhundert vorhanden 38; malte u. a. die buddhistische „Mutter Gottes" Kuan-yin 39; Charakter seiner Gemälde 39–42; vermutlich ein Verwandter des Fürsten von Khoten, Weï-tschï Wu-mi 42; Gründer einer Malerschule, die nach Korea verpflanzt wurde 45.

Weï-tschï Kia-söng, Maler in Khoten, Bruder des I-söng 38.
Weï-tschï Pa-tschï-na, Maler aus Khoten, Vater des I-söng 34; 35.
Weinstock, s. Traube.
Wiesel, das, als Metallspiegel-Ornament 27; 28.
Wolf, der, als Metallspiegel-Ornament 27.
Wu-sun, das Reich, an der Ostgrenze des Landes Ta-yüan 21; 67.
Wu-tschï-schan, Grabkammern mit Steinskulpturen am, 11; 29; 70.
Wu Tschung-kui, Maler 52.
Wu-ti, Kaiser 11; 12; 13; 17; 67–69.

Yang Hüan, Gründer der höheren Lackmalerei in China 61.
Yang-tschóu, alte Maler-Stadt 55.
Yang-ti, Kaiser (605–617) 34.
Yavan 24.
Yen Li-pön, Maler des 7. Jahrhunderts 39, 40; 72.
Yen Li-tö, Maler des 7. Jahrh. 40.
Yüan-ti, Kaiser und Maler 40, Anm.
Yüé-tschï, Nachbarvolk d. Chinesen im Altertum 11; Kleine —, zweierlei Völker dieses Namens, 30–32.
Yung-tschöng, Kaiser 54.

Corrigenda.

p. 24 Anm. 1, Z. 3: für du l. das.
„ 27. Z. 2 v. u.: für das Wiesel l. der Bär, der Affe, das Wiesel.
„ 28, infra: für βόθρις l. βότρις.
„ 32, Z. 3 v. o.: für belohnt l. belehnt.
„ 42, Z. 4 v. o.: für Tschu King-yüan l. Tschu King-hüan.